ウッドプランが提案する
今、注目の“ウッディな空間”

今を生きる私たちが求めているのは、本当の木の温もりと生活空間としての快適さ。「モダンウッド」「ナチュラルウッド」が多くの支持を得ているのは、それを実現しているから——詳しくは本書で！

「モダンウッド」のアクセントを強調した天井は、ウッディな解放感が感じられます。

「ナチュラルウッド」のダイニングは清潔感とキリッとした清涼感を感じさせます。機能的で安心感を与える家族団らんのスポットです。

ウッドプランが提案する家づくりは、住む人の個性に馴染むように設計されています。そしてなにより機能的な収納とストレスのない生活空間を提供しています。

無垢材の美しさを際立たせる直線の配置は、「ナチュラルウッド」の特長です。大容量の収納で生活空間をスッキリ演出できます。

自然素材を活かした
“オンリーワン”の家づくり

一戸建て持ててよかった!

建てる
前に
読む本

株式会社ウッドプラン代表取締役 嶋田 大 著

知道出版

はじめに

このコロナ禍の時期、休みの日に家で本書を執筆していたとき、小学生の息子から尋ねられました。

「お父さんは、なんで今の仕事をしてるの？」

それに答えながら、今も私の中に刻まれている一生忘れてはならない出来事を思い出しました。

もう二十年以上前のことです。まだ二十代だった私は大工修行の身でした。

上棟の日を控えたある日、私は木材をまとめたり、現場に搬入したりするために、バンドを掛けていました。

バンド作業とは、木材を上に吊し上げるための「玉掛《たまか》け」という作業です。それは修行中の大工がやることが習わしでした。外はありがたいほどの晴れた日の午後、うっすらと汗ばむ額の汗を袖で拭いました。

「あと2台分運べば終わるぞ！」

材木をまとめて降ろす作業です。気を抜かずにギュッと締めたバンド、上に上がる材木から目を離さずに行方《ゆくえ》を見ます。

一本30キロくらいの柱を30本。

「オーライ！」

合図とともに手を巻きました。材木たちがスッと舞い上がっていきます。

白い木肌の材木が目に綺麗に映っていました。私はフッとひと息つきながらそれを見上げていました。

すると突然、ブチッという鈍い音が聞こえ、同時に空から私に向かって柱の雨が降ってきました。


なぜ？　こんなことをしているんだろう……。


私は世間でよくある工務店の跡継ぎ2代目、3代目ではありません。父親は他界しましたが、地元、豊岡で畳屋を営む職人でした。

その畳屋は、兄が継ぎ、私は自らの考えと言うと聞こえはいいですが、正直、堅い決意で大工さんになろうと思ったわけでもなく、元々、モノを作ることは好きだということが

はじめに

工務店に修行に入る動機でした。

当時の修行は昔ほど厳しい世界ではないとは聞きますが、私の修業時代は、まだまだ決して楽とはいえない時代でした。

夏の暑い豊岡では、現場にある扇風機は気休め程度のもの。シャツがびっしょりになる汗だくの日々です。冬も寒い地域ですから、現場で水雑巾《ぞうきん》を使うと指先が凍るようで、指先はガサガサと荒れたままでした。もちろん修行ですから、十分な給料をもらえるわけでもありません。

「自分はなぜ、こんなことしているのだろう……」

くじけそうになり、自問自答する日もありました。もしかしたらそんな気持ちだったからかもしれません。あの事故が起きたのは……。

「命拾いしたね」

気がついたときは、自分がどこにいるのかもわかりませんでした。目には白いボコボコとした模様の天井が映っていました。

「嶋田さん」と声をかけてくれた看護師さんを見て、ここが病院だとわかりました。

合わせて900キロ、1トン近い木材が降ってきたわりには、骨折や脳震盪《のうしんとう》だけで大事には至らずに生きていました。

とはいえ、数日入院と療養安静は必要でした。骨折から食事もままならない入院の日々、ボゥーとする時間が過ぎていきました。

「やめようか」とも呟《つぶや》いたり、「ここでやめるのか？」とも呟きました。

そんな時、額を消毒しながら看護師さんが言ってくれました。
「頑張って早く治しましょう。
あれだけの事故で命拾いしたのだから
今のお仕事にきっと何か意味があるのね」
そう、その時の一言が今も私の原点なのです。

命＝ＬＩＦＥ
とても大袈裟な言い方ですが、家を造るということはある意味、命がけなのだということを身をもって体験しました。

大きな事故にあっても生きていたということは、「もしかしたら建築という仕事、家を造るということは私の使命かもしれない」

本当にそう思うようになりました。

そしてお施主様の立場から見ても、多くの方がその人生の中で長期にわたってローンを組み、家を持つわけですから、家を造ることは命がけに近いかもしれません。

家族を守るために家を造る。

家は長い人生、一生を過ごす場所を持つこと。

家はあなたと家族の顔。

大切なことに気がつきました。

大金を費やして家族のための家を造ることは、やはり人生の中でも大きな出来事です。

決してリスクのないことではありません。だからこそ我々、家を造ることを仕事とする者ならば、しっかりとした責任感と使命感をもって家を建てるべきです。

退院してリハビリをしている間、何気なくTVで放送していた映画「LIFE　IS

ＢＥＡＵＴＩＦＵＬ」を見たとき、多少しかわからない英語でも、映画の内容がわからなくても、この意味だけはくっきり心に刻まれました。

頭に浮かんだのは、

「治ったら頑張るぞ！」

そしておぼろげながら、今の会社のポリシーもその時に浮かんだのを覚えています。

家は家族の顔、建築は家族の人生をつくるお手伝い。

我々、建築屋は時として勘違いします。家は安ければいいとか、高価で最高性能がいいとかで家づくりを提供しようとします。もちろん、価格や性能を否定はしませんが、お客さんの目線ではないところで家を造ろうとすること。

それでは、お客さんが本当に望むもの、望む家を造れないのではないでしょうか。

まず大切なことは、住む人にとって欲しいものを造ること。住む人が気に入ってくれる空間、好きだと思ってくれるデザインの家を造ることが大切なのではないでしょうか。

我々はそのための手伝いを使命感をもって全力ですること。そして、ご縁のある家族が「この家に住んでよかったぁ」そう言ってもらえる家を造ること。

はじめに

それが我々、建築屋、工務店の使命だと信じています。

「LIFE IS BEAUTIFUL」

住まう人の素晴らしい人生、美しい人生を願い、家を造ることが「ウッドプラン」のテーマでありポリシーです。

「兵庫県豊岡市」――この地に生まれたことにも何か意味があると思います。

だからこそ命拾いした私です。この地域に恩返しするつもりで、これからも使命感を持ち、住む人の素晴らしい人生を願い、家を造ります！

本編は少し堅い話ですが、家を持つ前に必ず必要なことが書いてあります。

読者のみなさんのご参考になれば幸いです。

感謝を込めて……

株式会社ウッドプラン代表取締役　嶋田　大

建てる前に読む本・一戸建て持ててよかった！ ◯目次

目次

第5章　契約後にすべきこと　103

目次

第1章

変わる日本の住宅産業を知ろう

○日本の住宅産業とは

日本の住宅産業が大きく質を変えていったのは、１９７０年代の高度経済成長の時代にまで遡《さかのぼ》ります。

時あたかも、今太閤と謳《うた》われた田中角栄首相が『日本列島改造論』という著書を掲げ、日本中の道路整備を始めた頃のことです。

道路ができることで流通が盛んになり、産業も大きく発展するインフラが整ってきました。つまりこれは、同時に都市に人口が集中してくることになります。

人が集まれば、住むところが必要になります。

それまでであれば、会社は社員寮や社宅を用意すればこと足りていました。しかし、事業が大きく発展し、会社や工場に人がたくさん集まるようになってくると、会社の負担が大きくなってきます。

そこで作られたのが住宅ローンなのです。

企業側の負担を軽減するために住宅金融公庫が作られ、ローンを組んで家を建てることが盛んに推奨されました。

すると、持ち家を建てることが、あたかも人生の目的のように喧伝《けんでん》されるようになったのです。

こうして日本中に戸建ての家が立ち並ぶことになったのですが、そのスピードに従来のやり方では追いつかなくなってきました。

そこで開発されたのが、大規模な工場による新建材の大量生産なのです。

従来の木造建築は、職人が山から木を伐り出し、長時間寝かせて乾燥させ、部材を削り出して……と手間をかけて、じっくりと時間をかけて家を建てたものです。

そうして職人さんたちが建てた家は、今の家のように30年ももたないような柔《やわ》な建物ではありませんでした。

ところが、家を大量に作らなければならない時代になってしまい、そんな手間も時間もかけてはいられなくなってしまいました。そこで建材メーカーが作られ、新建材と呼ばれる工業化製品が作られることとなったのです。

これを普及させるために、ハウスメーカーは「木造住宅は長持ちしない。丈夫な軽量鉄骨のプレハブが長持ちする」と従来の考えと180度異なることを大量のコマーシャルによって国民を洗脳してきました。

この頃から日本人の住宅に対する観念がおかしくなり、核家族化という新たな家族制度を準備することにもなりました。


日本の住宅の耐用年数が30年にも満たないのは、この頃から変化した工法が、高温多湿の日本の風土に合わないためなのです。

四季があり、さまざまな気候環境をもつ日本列島の風土に、欧米の建築文化をそのまま移設してもうまく根付くわけがありません。


そもそも日本と欧米では、家に対する考えが大きく異なっています。

日本では住宅は産業であるのに対して、欧米では住宅はあくまでも生活に欠かせない文化として捉えます。その土地の気候や風土に合わせて、長く快適に住めるような住宅文化が発展しています。

しかし、産業である日本の住宅は、住んで10年もしないうちにメンテナンスが必要となり、住み続ける限り定期的にメンテナンスの費用がかかる仕組みになっています。ですからハウスメーカーとしては、何度もお金を生んでくれる「優良商品」なのです。

寒暖差の激しく低湿気のカナダであれば、熱伝導率の低いログハウスを建て、寒暖差がないアメリカの西海岸ではツーバイフォーの建物の外壁に木の板を張り付けて、ペンキを塗って仕上げる家が向いています。

このように、その土地、その土地の気候風土に合わせた建物であれば、長く快適に住み続けることができるのです。


高温多湿の日本風土に合った建物は、伝統的な工法の木造建築です。

木造の寺社建築では、千年以上という驚異的な寿命の建物も珍しくありません。もちろんその当時の大工の腕も超一流なのですが、やはり伝統的な技術によって建てられた木造建築は、この国の環境に適合しているということが最大の要因です。

木造の骨組みに土壁を施した伝統的な日本の住まいづくりは、温度や湿度の変化を家自体が調整してくれます。だから、長く住み続けることが可能になるのです。


日本の住宅産業では、海外では見られない特殊性が見られます。

それは、リフォーム産業です。このリフォーム産業は日本独特のもので、10兆円産業といわれているのです。

これは欧米では見られない、日本の独特の構造があります。

日本では住宅の値段が高かろうが低かろうが、ほとんどが築10年前後でメンテナンスが必要になってきます。

つまり、日本の住宅産業は、リフォームという特殊分野に支えられているのです。

今では、大手ハウスメーカーと官僚が作り上げた「家は10年前後でメンテナンスが必要」という常識は、すっかり国民の常識の中に刷り込まれてしまいました。

高い価格で売った家が、わずか数年でメンテナンスが必要な事態になり、またお金をいただける。さらに、何年か後に、またメンテナンスを行わなければ、とうてい快適には住めない。とにかく家に住み続けるには、ずっとお金がかかる仕組みとなっているのです。

一体、家を建てたら、何度メンテナンスの費用を負担しなければならないのでしょう。

新築から、わずか10年以内にメンテナンスが必要となってくるのです。このような欠陥品を売りながら、さらに定期的にメンテナンスを必要とされて、少なくない費用負担を強いられるのです。

大手ハウスメーカーと官僚がタッグを組んで、国民に「10年でメンテナンス」は常識と刷り込んでしまい、私たち国民の多くは10年前後でメンテナンスを入れることには違和感を持たなくなっているのです。

これは絶対におかしなことなのです。

○日本の住宅産業の欠陥

日本の住宅産業には、明らかな欠陥があります。

海外に比べるとかなり異常な状態なのですが、そのような情報は伝えられることがないため（わが国にとって都合が悪い情報は流されないようになっている）、今の異常な状態が当たり前と思ってしまいます。

欧米の住宅事情を見てみると、海外の住宅は全般的に流行というものはありません。その土地の気候や風土に合った住宅をしっかり建てて、長く住み続けています。もちろん定期的なメンテナンスなどもありません。

海外では、住宅は文化として理解されています。住宅はその土地に住む人たちの間で受け継がれ、何百年にも及ぶ智慧の集積です。

建物が近代的になっても、その精神は受け継がれています。ヨーロッパの石の産地では、石造りの家。カナダの雪深い土地では、ログハウス。アメリカの空気が乾燥している西海岸では、木の外壁にペンキを塗って仕上げた家というふうに、いずれも気候や風土にもっとも適した住宅を提供しています。

海外では、そもそもハウスメーカーと言われる住宅を専門とする大企業は存在しません。昔の日本のようにビルダーといわれる大工さんが家を建てるのです。

また、建築資材の新製品が毎年のように新商品として販売されることもありません。20、30年前も、今日でも同じ資材で問題はないからです。

日本の場合、居住者のために建築資材が開発されているわけではありません。大手ハウスメーカーが自分たちの都合がいいように開発されているのです。

どうしてそんなことが日本では起こるのでしょうか。

それは、大手ハウスメーカーと官僚が結託して、国民が住みやすい住宅を提供するのではなく、自分たちの利益を最優先に考えて、日本の住宅産業という分野のみならず日本経済を活発にしようとしているからです。それに合った法律を作り、それを受け入れるように情報を流します。

マスコミも当然、これらを応援する体制になっています。

国民に都合の悪い情報は流しません。なぜならテレビも新聞もネットも大手住宅メーカーが大量の広告を流しているからです。つまり、マスコミにとっては、不都合があって切られては困るお得意様なのです。

したがってスポンサーににらまれないように、大手ハウスメーカーや関係省庁に都合の悪い情報は流さないというわけです。

今までの話をまとめてみると、日本の住宅業界は、１９７０年前後に我が国の高温多湿の風土を無視した工法を採用するようになり、それからおよそ30年が経過して２０００年前後にリフォーム産業の動向が目立つようになったという流れがあります。

同時に住宅の解体業者も増えてきて、今日の異常な日本の住宅産業の構造が作られていったというわけです。

○住宅業界がクレーム業界といわれるワケ

テレビや新聞で、住宅業界の不祥事を耳目《じもく》にされたことはありませんか？

それはたまたま性質《たち》の悪い企業が働いた不祥事というわけではありません。

住宅業界そのものが激しい競争社会で大変なので、悪いとわかっていても生き残るために働いている仕業《しわざ》なのです。

もちろん、だからといって私は彼らを擁護するつもりは毛頭ありません。

ただ、これから家を建てようと考えておられるなら、そのことを頭に入れておいてください。それを知っているのと知らないのとでは、みなさんの人生において雲泥の差があります。これからのあなたの家づくりが大きく違ってきます。

テレビや新聞では、毎日、住宅業界のコマーシャルが大量に流れています。別に会社が儲かっていて、余ったお金でテレビなどのCMを打っているわけではありません。その逆に、必死で儲けなければいけないから、大量のコマーシャルを高い費用をかけて流し続けているのです。

コマーシャルのおかげで小さな子どもでも名前を知っている大手ハウスメーカーは、どこも少なくない訴訟を抱えています。

多くの裁判にかかる費用もバカになりません。

その費用もコマーシャルを見て、お金がかかった住宅展示場にやってきて、腕ききの営業マンの口車に乗せられて、あれよ、あれよと言う間に契約書に判を押させられ、高い住宅ローンを払う消費者のお金がつぎ込まれているのです。

実のところ、この住宅業界とは、消費者センターなどへの苦情や問い合わせ、相談の件数が最も多い業界です。

クレームの多くは、営業マンの対応の悪さや施工への不信についてが最も多いと報告されています。

そのほとんどが、

「高いお金を払っているのに、こんなはずではなかった」

という失望と、ハウスメーカーに対する不信感から来るものに集約されます。

しかし、よく聞いてみると、「言った、言わない」「説明を受けていない」「そんなことは知らなかった」という点に集約されます。

施主様は、初めての家づくり、あるいは家づくりとしては専門知識のないまったくの素人同然です。一方、ハウスメーカーはそれを生業としているプロフェッショナルで、これまでのユーザーからの数々のクレームに対応して切り抜けてきた歴戦のツワモノ。勝負は戦う前からすでに明らかです。

しかもほとんどの施主様側のクレームというのは、契約書を取り交わした後の話なのです。契約書を締結した後に豹変した営業マンや、建てる前の話とは違う実際のマイホームの姿、住んでみてはじめてわかる手抜き工事など。しかし、いくらクレームをつけても後の祭りとなるのです。

ハウスメーカー側は、施主様からのクレームをあらかじめ想定して、契約書にちゃんと逃げ道を用意しています。

裁判に持ち込んだとしても、施主様側になかなか勝ち目はありません。


そのためには、まずは、一部上場の有名企業だからといって、安心して頭っから信用してはなりません。すべてのハウスメーカーは、「最大のクレーム産業である」ということを頭に入れておいてください。その観点から自分の人生の城ともいえるマイホームづくりを始めなければなりません。


私としても自分の属する業界が、そんないい加減な業界だとは言いたくありません。しかし、多くの施主様の泣いているお顔を数多く拝見し、相談に乗り、助けてきた体験からこれを書いているのです。

もちろん、施主様側の落ち度もあります。100パーセント被害者ではありません。事前にきちんと知的武装をしておけば、ハウスメーカーの詐術にまんまと引っ掛かることはなかったのです。

家は失敗の許されない買い物です。契約して、建物の引き渡しを受け、いざ住み始めて、「失敗した！」と思っても、取り返しはつかないのです。

そんな後悔の念にさいなまれながら、その後の人生を送るというのは、何とも悲しいものです。なぜなら、日々、寝起きする〝マイホーム〟なのですから。

そうならないためには、家づくりを信頼できる会社にお願いするしかありません。でも、仮に、信頼できると思える住宅会社や大工に出会えたとしても、決して丸投げにしてはなりません。

「プロにお任せすれば大丈夫」は、絶対にありえません。それは責任放棄に他ならないのです。それは、後から文句を言う権利を放棄していると言わなくてはなりません。

仮にハウスメーカーの営業マンが「一生のお付き合いです」というような耳ざわりのいい言葉を使ったとしても、それに感激してはなりません。それはウソだからです。

大手ハウスメーカーならばなおのことです。

営業マンは契約が取れてナンボの世界の住人です。契約が締結されるまでは、あることないこと言って、お客の信頼を勝ち得ることに全力を尽くします。しかし、契約がとれたら、もう成約したお客のことは頭にありません。すでに次のターゲットに全身全霊を傾けています。

契約したお客から連絡があったら、適当に処理する程度の意識しかありません。

彼らはプロの営業マンなのです。

契約前のお客の前では、100パーセントお客様の味方の役を演じています。

「お客様の喜ぶために！」という信頼に足る人間を演じます。

しかし、それは契約書にサインしてもらうまでのことです。

契約書にサインして、支払がすんだら、もはや頭の中からお客のことは消えています。

そのような世界であると覚えておいてください。

それが、家を建てた後で、ご自分が後悔しないための大事な心構えなのです。

もう一度言います。ハウスメーカーが施主様の人生に寄り添うことは100パーセントありません。

また、大手ハウスメーカーだから決して倒産しない。だから困ったことがあったらいつでも相談に乗ってくれる、などと思ったら、彼らの思うツボです。

そんなことは爪の先ほども考えてはいません。

ハウスメーカーが求めるのは数字だけです。効率であり、利益です。

いかに早く、安くお金にし、いかに多くの利益を上げるか、それしか考えてはいないのです。なぜなら彼らは、会社でたくさんのライバルの中、切磋琢磨《せっさたくま》して今月の契約件数の営業成績グラフを気にしている営業マンだからです。

企業が大きければ大きいほど、その考えは徹底しています。


したがって、施主様の要望や課題に寄り添えば寄り添うほど、効率は悪くなり、数や利益も下がることになります。ですから、営業マンの上司は、それを徹底的に嫌い、排除しようとします。施主様に寄り添う営業マンは、社内ではむしろ排除される存在となります。

そして、評価されるのは、効率と数を上げる冷徹な営業マンだけとなります。

お客の前に現われて、耳触りのいいことを言っているのは、その類の営業マンなのです。

○専門知識のない人は住宅業界のエジキ

住宅業界の営業マンは、家づくりの専門知識や、業界の都合の悪いことを知らない素人が大好きです。できるだけ契約までに時間をかけず、余計な注文を入れないお客様が彼らにとっての上客といえます。

妙に専門知識があり、疑い深く、競合他社からの情報をちらつかせ、のらりくらりとなかなか契約まで進まない客がもっとも敬遠するところです。

住宅情報誌や家づくりの本を読んで、ある程度知識があり、展示場に足を運んでくれるお客が絶好のカモということになります。多少の知識があれば、余計な説明は省けます。彼らの聞きたいことは、あらかじめ想定問答集のようなもので研修済みですから、素人に毛のはえたような知識を持ったお客を契約に導くには、ちょうどいいと考えます。

彼らは、お客を徹底的にほめます。

「さすがですね」

「よくご存じですね」

「そこまで知られると我々は困るんですよ」

「○○様は、勉強されていますね」

と美辞麗句《びじれいく》を並べて、お客をいい気持ちにさせてしまいます。

そこで、その気になっていると相手の思うツボです。

いい気になっていると、その心の隙にスッと付け込んできます。


そこで、打ち解けた会話が進んでいき、値引きやサービスの話が出ると、施主様は飛びついてしまいます。彼らは虎視眈眈《こしたんたん》とその瞬間を待っています。

契約前に詳しい話を聞きたいと思うのは当然です。しかし、彼らはそれには簡単に応じません。それでは効率が悪くなるし、手の打ちを明かすことになり、こまかく検討されたらたまりません。

だから、詳細な打ち合わせに入る前に「まず、契約していただいて、それから詳しい打ち合わせをさせていただきます」と言って、契約書に判を押させ、手付金を払わせて、それから打ち合わせと、すでに逃げられないようにしておくのです。

ある工務店からうかがった話です。

大手ハウスメーカーでも、多くは地元の工務店と契約していて、実際の施工は地元の工務店が行うことになります。

ハウスメーカーの営業マンがうっかりして発注書の原本が入ったファイルを忘れていったことがあり、それを覗《のぞ》いて驚いたというのです。

工務店に発注する部品や部材の単価と施主様に発注する単価は当然違います。施主様にはハウスメーカーの利益を乗せているのは当然です。

しかし、驚いたというのは、必要な部品や部材の箇所数や個数、あるいは平米数が大きく違っているのです。当然、水増しししています。

あるいは、施主様に提示しているものより品質を落として、工務店に発注する場合もあります。そうして利ざやを稼いでいるのです。

ですから、家づくりの素人ではあっても、見積書に対してはいちいちチェックしていく必要があります。

少なくともこのお客は侮《あなど》れないな、という印象を営業マンに与えることが必要です。

ハウスメーカー側としては、現場を預かる工務店とお客が話をすると、こうしたごまかしが露わになるので、とても嫌います。そこでメーカーは、現場に施主様が見えても、「極力、話をするな」と圧力をかけてきます。

施主様から質問されたら、

「私たちにはわからないので、メーカーさんに聞いてください」

と答えるようにされているのです。

メーカーに聞けば、あらかじめ想定問答集が用意されていますから、素人ではわからないことを答えて煙にまいてしまうのです。

このようにハウスメーカーの営業マンは、話術に長《た》けた人が多いのです。そういう人しか残れない世界なのかもしれません。

具体的な話題の持って行き方ですが、男性のお客は、高スペック好きの傾向があり、最新の工法や採用している資材、設備などに興味を持つ人が多いため、建築の技術的な話題に終始して、どんな家に住みたいかという家族の肝心な話をうやむやにしてしまうこともあるそうです。

一方、女性のお客は、空間としてのイメージや見た目のおしゃれさ、使いやすさ、キッチン周りに興味を持つ傾向があり、女性に気に入られた空間を作った事例を持ちだして、どんな家に暮らしたいかという興味を、「おしゃれに暮らす」という話題にすり替えて、興味をそそらせるということを行います。

基本的には、ハウスメーカーの営業マンは、いいことしか言いません。間違っても自社のトラブルや欠点などを言うことは100パーセントありえません。

○国が認める欠陥住宅

このような大手のハウスメーカーのやり方は、日本の建築業界の問題点であるのは確かです。

前述したように。日本の住宅はリフォームが広く常識になっています。

ですから、リフォーム業界には多くの業者がひしめき合っているのですが、大手ハウスメーカーのリフォーム部門が売上げの上位を占めていることが特徴です。

これはどういうことかというと、新築住宅を売って、そして数年後には同社のリフォーム事業部がメンテナンスと称して、高い料金でリフォームする。それから定期的に点検と称して、お金が取れる箇所を見つけてはリフォームする、という仕組みなのです。

これこそが大手ハウスメーカーのビジネスモデルです。

築10年もたたないのにリフォームが必要なのはおかしくありませんか。

こんなことは日本だけの常識です。

カナダでも、アメリカでも、ヨーロッパでもそんな耐久性のない家はありません。

国が法律で定めた木造住宅の保証期間というものがあります。

たとえば「10年保証」と聞くと、建物すべてを10年間保証している、と誰もが思うはずです。しかし実際には、保証しているのは建物の骨組みだけです。

細かく見ていくと、住まいに大切な箇所は「10年保証」ではありません。

屋根は2年、外壁（サイディング）は2年、内装（クロス、タイル）は1年、建具（硝子等の内部建具含む）は2年、水回りの防水は2年、断熱材は2年となっています。なんと1、2年しか保証期間がありません。しかし、そんなことはハウスメーカーの営業マンは決して教えてくれないでしょう。

「長期優良住宅」といわれているものについても、確かに一般の住宅に比べれば耐久性のあるツクリになっています。しかし、それですら、数年ごとの点検とメンテナンスが必要とされているのです（もちろん点検は必要です）。

このことを考えると、国と大手ハウスメーカーが都合よく決めた基準ではないかと疑いたくなります。

新築のわが家を手に入れても、数年ごとにリフォームしなければならないのは、けっして常識ではありません。国の基準に適合しているからとか、有名な大手ハウスメーカーだからと安心して任せるのは考えものです。

地元の工務店さんとしっかり相談して、その環境に合った丈夫な家づくりを目指すべきなのです。

◯健康をむしばむ住宅

新築に住みはじめて体調が悪くなったのは、きっと環境が変わって、精神的に変化があったからだ、と思うのはいささか軽率です。

それは「ハウスシック症候群」かもしれません。

「ハウスシック症候群」とは、住宅に使われる建材や内装材に使われる化学物質が体に悪影響をもたらすことが原因で起こる病気です。

高気密に造られた新築の家の中に、こうした有害な物質が放出されているとなると考えただけで恐ろしくなります。

「シックハウス症候群」や「アトピー性皮膚炎」などは、建材や接着剤に含まれるホルムアルデヒド、パラジクロロベンゼン、トルエンという有害物質が原因であるという医学的な報告があり、もちろん法律で規制されています。

しかし、その規制が不完全なのです。

現在、建材や接着剤に含まれている体に有害とされている物質は、13種類です。ところが規制されているのは、わずか2種類だけで、他の11種類は、明らかに人体に影響があるのですが、規制の対象外になっています。

ですから、国の規制に従って建てられている、といってもけっして安心ではないのです。

「シックハウス症候群」の問題が世の中で騒がれ、マスコミでも大きく取り上げられた10年くらい前のことです。国が動いて建材に含まれる人体に悪影響をもたらすとされる化学成分について規制する法律を作ることになりました。それまで内装材に含まれるアセトアルデヒドを規制しようというのです。

ところが、この法律を作成する委員会の委員長が、大手建材メーカーの社長でした。これを聞いただけで、どんな委員会かがわかります。

規制される側の代表が委員長なのです。

この大手建材メーカーは、その後「揮発性化学物質（VOC）の新放出基準に適合した建材」と宣伝して、大儲けしました。

それでは、この法律によって世の中から「アトピー性皮膚炎」や「シックハウス症候群」が減少したのでしょうか。実際のところでは、減少どころか、むしろ増加しているといわれています。いったいどうしてなのでしょうか？

体に有害とされるVOCは、13種類あると言われています。ところが、新たにつくられた法律では、人体に有害とされるアセトアルデヒドとホルムアルデヒドの2つだけを規制して、他の11種類については野放しになっているのです。

そのことを詳しく知らない国民の意識の中では、国が人体に有害な成分を含む建材は使わないように監督官庁が指導していると思い込んでいます。

実際に有害な化学成分を規制されてしまうと、大手建材メーカーは困ってしまいます。

つまり、国と大手メーカーが手を組んで、国民の訴えもそこそこに安易に法律をつくったのだと考えるべきです。

これは、ほんの一例にすぎませんが、建設業界に限らず、日本のあらゆる業界がこのような体質であるのではないでしょうか。

私たちはそのような現実に生きているということを忘れてはなりません。

住宅業界についても、もっと国民は関心を持ち、正確な情報を得て、意見を発信すべきでしょう。

常にウッドプランでは、このような情報に耳を傾けながら施主様のご家族が安心して住める自然素材の家づくりを提供しているのです。

第2章

事前に知って得する家づくり

○一生に一度の大事業

住まいづくりは、多くの人にとって、一生に一度の大事業です。
だから、絶対に失敗してはなりません。
あとから後悔しても取り返しがつかないからです。
ですから、今の準備段階が最も大切な時期ということです。

よく「3回家を立てたら、初めて満足のいく我が家ができる」という言葉を聞きます。
でも、本当なのでしょうか。
一生に3度も家を建てられる人は、普通にいらっしゃるのでしょうか。
一般の方は、一生に一度、それも限られた予算で建てる方がほとんどだと思います。

テレビで「ドリームハウス」やリフォームを紹介するような番組がありますが、テレビ的な演出が濃厚で、プロの目から見れば、誤解を受ける問題も散見され、あれは特殊な例なのだと考えてください。

一般的には、マイホームは一生に一度のものと考えていいでしょう。

車を買う人は、事前にいろいろと調べます。靴だって、服だって、化粧品だって、美味しいものを食べるお店でも､事前にいろいろ調べます。それなのにマイホームに関しては、調査不十分の方が実に多いことか。

人生でたった一度しかないチャンスに、ほぼ素人同然の状態で、営業マンの言われるままに大事な「人生の拠点」をないがしろにされてしまっています。

○家づくりはライフプランを立てること

家を建てると決めたなら、展示場に行ったり、住宅雑誌を買い集めたり、ネットの住宅情報を閲覧したりしていませんか。

間違いではありませんが、その前にやらなければならない大事なことがあります。

それは、あなたは「これからどんな人生を送るのか」というライフプランをしっかり立てることです。

家はあなたの大事な人生の舞台です。

そこで家族と共にどんな人生を過ごすのか。

お子さんが生まれて育つ場所かもしれません。

人生のパートナーと一緒に暮らす場所かもしれません。

年老いた親御さんと一緒に過ごす場所かもしれません。

将来、お子さんがお孫さんを連れて里帰りする場所かもしれません。

つまり、これからあなたと家族の、未来のさまざまなドラマが展開される場所となるのです。


今の希望、要望だけで、どんな家にするかを決めてはいけません。

そこには将来の家族の要望も入れておく必要があります。少なくともそれが入れられる余地を残しておく必要があります。

家を建てるというのは、人生における重要な事業のひとつです。

大きな人生の節目となります。

どんな家にするかによっては、資金計画も変わってきます。

住宅ローンを組む場合は、長期間の資金計画が必要になります。返済が完了するまでは、きちんと収入を確保しなければなりません。そのためには、パートナーがいらっしゃる方は、お互い納得するまで話し合ってください。また、健康でいるために、生活習慣を見直したり、定期検診を怠ったりしないように心がけることも必要です。保険の見直しも必用かもしれません。

ただ、住宅ローン返済を重荷に感じすぎるのもよくありません。家族一人ひとりの充実した人生の楽しい舞台として、マイホームを考える必要があります。

この家を拠点にして、あなたらしい輝ける人生を描いていってください。楽しいプランが立てられるように、無理のないローン返済を決めるのも大切な人生の決断です。


そして、最も大切なのは、10年後、20年後に住んでいるであろう家族の生活を予測して、家の設計を考えることです。たとえば、お子さんの成長に合わせて、子供部屋をどうするのか、今、同居しているおばあちゃんの部屋を10年後にどうするのか、など、冷静に考えるということです。

○家を建てようと決断したら

ものごとには、何事も順序というものがあります。

まして、人生で一番高い買い物をしようというのですから、それなりの準備というものが必要になります。

不思議なことですが、当社にご相談にいらっしゃるお客様の多くが、はっきり言って準備不足と言わざるを得ません。人生の大半を高額なローン返済のために使うという家づくりなのにです。いざ決断すると、プロに相談して決めればいいだろう、としか思っていないようです。

たしかに私どものようなプロにご相談していただけるのはありがたいのですが、すべて任せっきりとなると、先ほどから注意をしているように大手ハウスメーカーの営業マンや業者のいいお客さんになってしまうか、後で後悔するような家づくりをしてしまうことになります。

また、いろいろ準備をされているお客様でも、プロの目から見るとポイントのずれた知識に固執して、かえって残念な家づくりに走ってしまう方もおられます。

まず第一に、情報収集のやり方です。

情報収集と言っても、今ではすぐにネットでさまざまな情報が簡単に手に入る時代になっています。しかし、注意しなければならないのは、実に多くの間違った情報が氾濫しているということです。ＰＲのためにインフルエンサーに頼んで、誇大広告まがいの情報を発信しているところもあります。

ですから、半信半疑で情報を読みとって、気になる工務店さんがあれば、直《じか》にパンフレットやカタログを請求するのがよいと思います。また従来は雑誌や本を購入されて、じっくり情報を集めましたが、現在では返ってそれも適確な方法となっています。

まったくイメージがわかない方にはよい方法があります。住宅雑誌やインテリア雑誌、建物の写真が多い雑誌を古本屋などで集めたり、工務店やハウスメーカーのホームページの写真をプリントアウトして、できるだけ多くの家を見て目を養うといいでしょう。その中からイメージに近い写真を切り取って、見えるところに貼り付けて、こんな家に住みたい！　というイメージを明確にしていきます。

頭の中でぼんやりしていたものが、写真を選んでみると、イメージがより明確になってきます。言葉ではなかなか伝わりにくいものも、こうするとよりはっきりしてきます。

一方では、とにかく労を惜しまず、実際に工務店の説明会や展示会などに積極的に参加して、知りたいことをどしどし尋ねて、情報を確かなものにしていくことです。

そして、こんな家を建てて、住みたいという思いを受け止めてくれる工務店さんを見つけてください。信頼できる工務店に任せられれば、ほとんど家づくりは成功です（あとで優良工務店選び方を解説します）。

何度もいいますが、間違ってもテレビや派手な広告に惑わされないことです。

それと平行してやらなければならないことは、なぜ今、家づくりを決意したのか、もう一度自分に問いかけてください。今おかれている自分の生活環境や貯金額、親御さんのことも考慮に入れなければなりません。

そして、パートナーとの関係、子どもがいらっしゃれば、教育費の今後の計算など、家族みんなで何度も話し合って考えてみることが必要です。

自分一人ではなく、住む家族一人ひとりの要望、将来の人生設計と照らし合わせて家づくりのプランを整理してください。外観や間取りなど、家族のイメージをあらかじめ一致させておかないと、途中でもめたり、できあがってから不満が出てきたりします。そんなことがないようにイメージを明確にしておけば、工務店に依頼する際にも、伝えやすくなります。

また、いつまでに家を建てたいのか、どこに建てたいのか、ということも重要になってきます。すると、家づくりのための必要な諸経費などが出てくるかもしれませんので、おおよその資金の計画がまとまります。

さて、工務店さんに建築の依頼をすることになります。

そのための準備として、以下のような流れを経ていきます。

・建設用地の地盤調査
・建設用地の法規制チェック
・具体的な設計の打ち合わせ
・見積ならびに支払い方法の検討
・銀行・金融機関への融資申し込み
・最終チェック・打ち合わせ

これらは、工務店さんに何度も納得いくまでご相談され、一つひとつ確実に進めていってください。

いよいよ、契約締結です。

ここまでいろいろ知らなければならない、やらなければならないことがありましたが、信頼できる工務店さんに念を押して、理想の家づくりを無事に完成させるために最終確認をしてください。

そして、契約をします。

以上のプロセスは大雑把ではありますが、ポイントを押さえた一連の流れです。この流れを覚えておきながら、間違えない契約を締結していくのです。

依頼したい優良工務店さんの選び方が一番のポイントとなります。はじめから知り合いの工務店があればよいですが、ほとんどの方はこの工務店選びが重要になります。信頼のできる工務店さえ決まれば、案外と家づくりはスムーズに進行します。

工務店が設計の際に一番困るのは、施主様のイメージが統一的でなく、断片的なイメージだけで依頼されてしまうことです。そうなると何度設計をやり直しても納得していただけるものがなかなかできないということがあります。

○自分に合った工務店選び

たぶん、依頼したい工務店さんのホームページを何度もご覧になると思います。なかに載っているきれいな完成した家の写真が、自分たちが描いている家のイメージと合っているかどうかということも、会社選びのポイントになるかもしれません。

今ではホームページがないという会社は、めったにありません。どこもお金をかけて見栄えよくお客様に対してアピールしています。

そんなホームページのなかで、注目すべきは代表である社長のコメントです。そのコメントが通り一片の型通りの挨拶をしているようでは、ちょっと問題です。

この工務店は何が得意で、その強みは何か、というのがわからないと困ります。それなりの技術を持っているところは、必ずその点をアピールしています。

この地域、この土地に建てたい、と決まったら、そこから半径50キロ圏内の工務店を選ぶことをお勧めします。

なぜ半径50キロかというと、車で1時間圏内ということだからです。

それくらいであれば、その土地の特徴や環境のこと、地盤のことについての知識を持っていますから安心して依頼できます。

また、将来のメンテナンスも任せられますし、今後のアフターケアや相談も気軽に頼めるのではないでしょうか。

そして必ず、その工務店主催の完成見学会やモデルルームに参加してください。実際に見聞きすることで、その工務店の実力がわかります。また、お客様に対する対応もわかりますし、どんな人がどんな話をするのか、受け答えはどうかなど、人間関係も大切な要素となります。


そして、必ずしてほしい質問があります。

それは「長期優良住宅は建てられますか」というものです。

2009年に施行された「長期優良住宅の普及の促進に関する法律」によって、長持ちのする家が建てられれば、税制の面でさまざまな優遇措置が取られています。

長期優良住宅を建てるだけの技術力があるかどうかで、工務店の実力がわかるのです。

長期優良住宅であることが認められれば、税制面での優遇があり、長く住み続けられる家が手に入ると同時に、お金も戻ってくるということになります。資産価値という面でも、将来性を考えれば十分に検討に値します。

国が長期優良住宅をバックアップしているメリットはありますし、何よりも安心して住み続けられるという点が大きいです。

では、どのような優遇があるのか、列挙しておきましょう。

①登録免許税減免　0.1パーセント（一般住宅は0・15パーセント）
②固定資産税減免　5年間1／2減額（一般住宅は3年間1／2）
③不動産取得税減免　1300万円減額（一般住宅は1200万円）
④住宅ローン控除　最大600万円（一般住宅は400万円）
⑤投資型減税　上限100万円（ローン未利用の場合）
⑥長期住宅ローンの供給支援　35年↓50年（償還期間）
⑦金利の優遇（フラット35S）当初10年▲1・0パーセント　11～20年▲0・3パーセント

⑧補助金　100万円／120万円＊（＊地域資源活用などの助成がある場合）

このような数々の優遇措置が得られる長期優良住宅の要件とは何か、ご説明いたしましょう。

国土交通省が発表している「認定基準の概要」に基づいて、要件を列挙しておきます。

①劣化対策

数世代にわたり住宅の構造躯体（骨組み）が使用できること。

②耐震性

極めて稀に発生する地震に対し、継続利用のための改修の容易化を図るため、損傷のレベルの低減を図ること。

③維持管理・更新の容易性

構造躯体に比べて耐用年数が短い内装・設備について、維持管理（清掃・点検・補修・更新）を容易に行うために必要な措置を講じていること。

④可変性（共同住宅の場合のみ）

居住者のライフスタイルの変化等に応じて間取りの変更が可能な措置が講じられていること。

⑤バリアフリー性（共同住宅の場合のみ）

将来のバリアフリー改修に対応できるよう共用廊下等に必要なスペースが確保されていること。

⑥省エネルギー性

必要な断熱性能等の省エネルギー性能が確保されていること。

⑦居住環境

良好な景観の形成その他の地域における居住環境の維持及び向上に配慮されたものであること。

⑧住戸面積

良好な居住水準を確保するために必要な規模を有すること。

⑨維持保全計画

建築時から将来を見据えて、定期的な点検・補修等に関する計画が策定されていること。

長期優良住宅として認定されるためには、前記の9項目（戸建て住宅の場合には④⑤の項目は除く）をクリアしている必要があります。その上で申請して、認定される必要があります。

長期優良住宅として認定されると、先に挙げた優遇措置だけでなく、仮に転売をしなければならなくなった場合も、とても有利に働きます。なぜなら「長期優良住宅認定」の住宅と一般の住宅では、転売価格が20～35パーセントもの価格差が出るからです。

もちろん、長期優良住宅として認定されるためには、一般住宅として比較すると坪単価は上がります。しかし、長期優良住宅を作れるだけの技術力を持ち、しかもアフターケアも万全で、定期的にメンテナンスに応じてくれる優良工務店ならば安心して任せられます。

といっても、私どもでは100パーセント勧めるわけではありません。住む人の立場になって考えると、さまざまなご要望があるはずです。そのご要望を叶えながら、記載した内容を独自にクリアすることが何より大切なのです。

○在来軸組工法とパネル工法の違い

木造建築の工法は、大きく分けて、在来軸組工法《ざいらいじくぐみこうほう》か、木造枠組壁工法《もくぞうわくぐみかべこうほう》、いわゆるパネル工法の二種類あります。

在来軸組工法とは、柱や梁という軸組（線材）で支える工法で、日本の木造建築で多く採用されています。

それに対して木造枠組壁工法は、１９７０年代に北米から日本に輸入された工法で、フレーム状に組まれた木材に構造用パネルを貼りつけたもので、工場であらかじめ加工して、現場で組み立てるので早くできて全国的に大きく普及しました。

見栄えは悪くないのですが、リフォームするときに制約を受けたり、調湿性などの点で問題があります。

何よりも北米で生まれた工法で、日本の風土には合わないものがあります。

日本の風土に最も合っているのは、在来軸組工法で、メンテナンスさえしっかりしていれば、長く快適に住み続けられる住まいとなります。

私どもでは、兵庫県の日本海に近い地域で長年、家づくりを行っております。この地の地形や風土は熟知しておりますので、在来軸組工法を採用し、これまで多くの物件を手がけてきました。

伝統的で環境に合った、それでいて現代的なテイストを取り入れた家づくりを実践しており、おかげさまで多くの施主様から喜んでいただいています。

かつて高度経済成長の時代は、大量生産・大量消費が推奨されていました。プラモデルのような簡便で、スピーディーな大量生産型の家づくりが重宝されていた時代もありました。しかし、今日の低成長時代にあっては、何についても「長く使う」ということがキーワードとなります。

家もどんどん住み替えるという時代から、ひとつの住まいをできるだけ長く住まう、という時代へと移行しています。

本来の家づくりとは、できるだけ長く住めるように、しっかりと、代々長く住んでいただけるように作られていなければなりません。これこそ、私どもウッドプランが考える家づくりのコンセプトです。

昔の古民家を見ればわかるように築100年、築200年というのも珍しくありません。現在の新築住宅の寿命はせいぜい30年とされていますが、今でもしっかり作ってメンテナンスをきちんと行っていけば、長持ちする住宅を作ることも不可能ではありません。

では、長持ちする住宅は、どんなものなのでしょうか。

いくつかの条件があります。

第一にあげられるのは、腕のある職人に作ってもらうことです。家の中身、つまり構造躯体《くたい》がしっかり作れることが重要になるからです。

また、できればいいということではなく、定期的な修繕・修理を行い、できるだけ長持ちするようにできるのは、本当に腕のある職人でなければできないからです。

また、将来、家族構成が変わり、リフォームが必要になった時に、建物の構造を理解できていないと、適切なリフォームはできません。その場しのぎのリフォームで、多くのクレームが社会問題になっているくらいです。

一般的な木造住宅では、リフォーム後の確認申請は必要としません。したがって、建築士の資格を持たないものでもリフォームは可能です。

これはたいへん憂慮すべき問題で、私どものプロが見ると、ただ体裁さえ整えればというのでは、しばらくすると不具合が生じてしまうことは明らかです。

だから、建てるにしても、リフォームするにしても、確かな腕を持つ職人を要する優良工務店に任せるのが一番なのです。

第3章

任せられる工務店選び

○家づくりに欠かせない業者の選び方

よい家づくりには、業者の選定は欠かせません。言い換えれば、業者選びがよい家づくりの生命線と言っても過言ではないということです。

大きく分けて業者の種類は、３つに分けられます。

①地元の工務店
②ハウスメーカー
③設計事務所

まず①の地元の工務店の場合、その実力のレベルはまちまちです。ですから慎重に選定する必要があります。

チェックするポイントはいくつかあります。

まずは、地元で長く業務を営んでいることです。工務店は何よりも信用が一番です。

地元であれば、良い評判も悪い評判もたちまち広がります。

もしも手抜きや雑な仕事ぶりであれば、ウワサがたって地元の人は誰も仕事は頼まなくなるでしょう。

したがって、最低20年以上、同じ場所で店を構えているところを候補に選ぶことです。

次にこれという候補を見つけたら、実際に今、工事をしている建築現場に足を運んでみましょう。この手間を決して外してはなりません。

これを怠って、自分の家づくりが一生後悔するような結果になっても、取り返しがつきません。

注意してみていただきたいことは、

○現場がきれいで、道具が整理されているか。
○建物の養生は丁寧にされているか。
○工事用の仮設トイレは清潔か。

何よりも現場の清掃に気を配っている業者は、現場の仕上がりも確かですし、引き渡し後のメンテナンスもきちっとフォローしてくれる可能性が高いです。

工務店の腕を見るのは、完成した建物を見るよりも、工事中の現場を見た方がはるかにわかるものです。

現場が汚い工務店は、自社の利益しか考えていない傾向があります。現場が汚いのに受注が多いような工務店は特に要注意です。現場は二の次で、とにかく営業にだけ力を入れているのです。

そのような会社の姿勢では、できた住宅のメンテナンスなど考えていないと言っていいでしょう。

また、雑誌やパンフレット、ホームページなどで独自の工法を派手に唱えている業者も要注意です。

どこでもそうですが、一件でも多く受注するために、他社との差別化をはかりますが、他社のオリジナル工法をあたかも自社で開発したと言って、それらしいネーミングでオリジナル工法を謳《うた》っている業者もあります。

そのようないかがわしいやり方をしているところも、現場を見れば一発でわかります。

また、施主様の懐《ふところ》具合に合わせて、値下げを言ってくる担当者のいる工務店も注意したほうがいいでしょう。

見積もりを正確に出して、きちんと仕事をしている業者は、決して値下げ交渉には応じません。値下げ交渉に応じるのは、最初から吹っかけているか、自社の技術力に自信がないか、経営が苦しく一日でも早く現金が欲しいという業者です。

そのような業者がいたら、安くなるからと契約しないで、冷静に判断すべきです。

多少の値引きで喜んでいても、引き渡し後に欠陥住宅だと判明しても、取り返しはつきません。その後、業者ともめるケースが少なくありません。

きちんと仕事をしている業者で良心的なところは、最初から良心的な価格を提示してきます。

これらをクリアして、話をしてみてあなたと相性の合う地元の工務店なら、間違いなくおすすめです。

なぜ地元の工務店をおすすめするのかというと、地元の土地のことや生活の利便性などとてもよく把握しているからです。また、社員も地元の人が多く、知り合いが多い環境では仕事も正直です。変な仕事をしていては、その土地で仕事を続けていけなくなってしまいます。

会社の規模が小さくてもいい住宅を建てる技術力を持った工務店は少なくありません。逆に大きいからと言って必ずしも信頼できるというわけではありません。モデルハウスがあったり、広告宣伝に力を入れているところは、その費用をどこかで回収しなければいけないので、売上げ重視の体質になっているかもしれないからです。いずれにしても、会社の規模で信頼できるか否かを判断してはいけません。

②のハウスメーカーは、どうか。

テレビや新聞で派手な広告を打っていて、会社の名前はよく知っている。また、立派なモデルハウスを展示している。その見た目や名前で真っ先に連絡したくなるでしょう。

基本的に、ハウスメーカーを選択するのは懐疑的にならなくてはなりません。

工場生産のハウスメーカーの利益率は40〜60パーセントと言われています。一方、工務店の利益率は15〜20パーセントです。いかにハウスメーカーが暴利をむさぼっているかがわかります。

それだけ利益を取るのは、派手な広告や高額なモデルハウス、多数の営業社員の人件費などで利益が多額に必要だからです。そのツケは、めぐりめぐって施主様が負担することになります。

ハウスメーカーで、最新の工法によって法外に高い買い物をしたいと言うなら、それは自由ですが、おすすめできないということは申し上げておきます。

「うちはテレビでおなじみの○○にお願いして建てたんです」と自慢することはできるかもしれません。

③の建築事務所はどうか。
建設費が大きい場合は、メリットがあります。

目安としては、土地価格を含まないで3000万円以上の物件です。

その費用プラス設計管理費が10パーセント上乗せされます。

しかし建築業者は競争入札して、もっとも安く入札した工務店に発注することになります。結果的には、比較的安価になります。

しかし、金額だけで決めるのは避けてください。

設計士は現場の監理をしているといっても、すべてを監督するのは不可能で、それは現場監督の任になります。現場の仕事を監督するわけではないので、どんな仕事ぶりかわかりません。運悪くそうならないためにも、価格が安いから決めるとか、設計士さん任せは避けるべきでしょう。

そのためにも入札後、工務店が工事を行っている現場に足を運んで、その仕事ぶりを実際にご覧になってから判断してください。また、できたら工務店の社長と面談して、その印象も含めて総合判断してください。

仮に営業担当の印象が良いからと、すべてお任せはNGです。彼らは営業のプロですから、笑顔も耳障りのいいトークも、彼らの武器のひとつに他なりません。

設計士にもランクがあります。

多くの設計士は木造住宅を苦手としています。経験が少ないための知識不足に加えて、実際の積算（価格の計算）ができる人はとても少ないのです。

この業界には設計計算と呼ばれるものがあります。

設計計算とは、資材取引価格に利益を乗せて、だいたい1・2〜1・5倍に設定して、資材メーカーと工務店の利益を確保するものです。しかし、設計士は主に机上の仕事であり、現場の事情について詳しい人はきわめて少ないと言えます。

ここで私どもの話をさせてください。

ウッドプランは、経験ある設計士で構成されている会社です。しかも現場に知悉《ちしつ》している数少ない設計士として、施主様のさまざまな要望に応えております。

また、資材メーカーにも現場の人間にも不利益にならないようにバランスを調整が可能です。それは他の工務店では真似のできないことであると申し上げることができます。

ですから**設計士を選ぶ場合には、過去に建設会社に勤務経験があること。木造建築に詳しいこと。設計計算ができること。**

このポイントをしっかりと押さえておけば、間違いない選択ができるのです。

◯優良工務店を見つける方法

家を建てるということは、家が完成して終わりということではありません。

そこで人が何年、何十年も住み続けるわけですから、当然、メンテナンスが必要になってきます。懇意にしている地元の工務店があれば、気軽に相談に乗ってもらえますが、大手ハウスメーカーでは、そういうわけにはいきません。

大手メーカーに依頼しても、実際に家を建てるのは地元の工務店です。ですから、いかにしていい工務店を選ぶか、ということが、いい家を建てるための絶対条件となります。

大手ハウスメーカーは、自社工場ですでに加工済みの部材を現地に運んで組み立てます。ですから、あっという間に出来上がります。一見、綺麗に仕上がっているので、さすがと感心するかもしれません。しかし、住んでみるとあちらこちらに問題が、ということが起こりがちで、それに対する十分なアフターケアで問題が起きる場合が少なくありません。

工務店は、年間の受注件数を決めていますので、スピードでは大手ハウスメーカーの仕事ぶりには負けてしまいますが、その分じっくりと仕上げてくれます。

大手ハウスメーカーは、年間にどれだけ受注するかということを念頭においていますが、優良工務店はいい仕事をして、地元で「あの工務店はいい仕事をする」という評判が立つように、しっかりした仕事をすることに力を注いでいます。

地元で変な評判が立とうものならば、死活問題で、経営は成り立たなくなってきますし、多くは職人肌というか、施主様より依頼を受けて、いかに住みやすく施主様の要望を叶える家を建てるか、腕の見せどころだと悦に入って仕事をしているのではないでしょうか。

また、地元にいて、メンテナンスもままならない状態ならば、決していい評判は立ちませんから、メンテナンスにしてもおろそかにはしません。

ひとくちに工務店と言っても、その中身は異なります。大きく分類すると五種類に分けられます。

①設計・施工を行う。各種保証・融資相談にも乗れる工務店。
②分譲住宅会社の施工下請け専門業者。

③ハウスメーカーの下請け専門業者。
④リフォーム専門業者だが、たまに新築住宅を請け負う業者。
⑤不動産会社のように、自社では設計施工をせずに住宅販売を専門としている業者。

このなかで、お勧めできる工務店は、①です。
後々も安心して付き合ってくれる業者です。
②はいかに大量に早くやるかに特化した業者。
③はハウスメーカーの注文に応える形で仕事をこなすところ。ですから施主様よりは、ハウスメーカーに顔が向いています。④と⑤は論外です。でも、こういうところでも工務店の看板をあげています。

○工務店とは何か

話が前後してしまいましたが、優良工務店を探す前に、そもそも工務店とはどういう仕事をしているのか、知っておいても損はありません。工務店がなんでもできるわけではありません。

工務店とは、大工や左官《さかん》、タイル・レンガ工、サッシ工、内装工などの職人を束ねて、建設工事を請け負う会社です。職人さんの集まりではありますが、ひと昔のように頑固で職人気質の職人さんは少なくなりました。それでも、腕一本で勝負しているのですから、それぞれの業種ではプロとして技術は確かです。

また、専属の設計士をおいたり、設計事務所と連携している工務店も少なくありません。デザイン力やセンスでも大手とも引けをとらない工務店はいくらでもあります。

現状では、この業界は人手不足です。

なかでも腕のある職人さんが圧倒的に不足しています。したがって、腕のいい職人さんをいかに多く抱えているか。そしてその職人さんを適宜《てきぎ》現場に入ってもらい、いい仕事をしてもらえるかという、ある種のプロデュース力というものを持っている工務店が、優秀で、いい仕事ができるということになります。

ですから、家づくりをお願いするなら、もちろん腕のいいプロの職人さんたちが機嫌よく仕事をしてくれる工務店を選ぶことがベストなのです。それこそが優良工務店なのですから。

では、そんな優良工務店を素人が外からどのようにしてわかるのか、その判別の仕方にちょっとしたアドバイスがあります。

社長に実際会って話を聞く

工務店は、何よりも社長にかかっています。工務店の社長と言えば、昔の大工の棟梁《とうりょう》です。社長を見れば、工務店の実力がわかります。

はじめにホームページをチェックしましょう（ホームページのないところは論外）、社長のあいさつで、通り一辺倒の挨拶ではがっかりです。家づくりにこだわりがあれば、必ずその点を訴えているはずです。

そして一番よいのが、社長に直接会って話を聞いてみることです。その人柄で工務店の実力もわかります。何度か訪ねても社長に会えないようなら、その工務店はやめておきましょう。

設計は誰がやるのか

実力のある工務店は、全ての工程に責任をもっています。したがって、設計・施工は自社で行います。仕事の責任を自社で負って、高い品質を求めるからです。

設計・施工を下請けに丸投げすることはありません。設計事務所と提携している場合は別として、自社で設計・施工を行わない会社は避けた方が無難です。

自社のこだわりをチェック

その会社のこだわりは、ホームページを見るか、社長の話からわかります。

地元の木材を使っていますとか、檜《ひのき》にこだわっていますとか、地元の自然環境に適した自然素材を用いていますなどが、チラシやパンフレットなどに書かれているはずです。

このような自社のこだわりが何もないようなら、仕事に誇りをもっていないところですから、頼むのはやめておきましょう。

新築注文住宅中心かどうか

工務店の仕事はいろいろあります。リフォーム中心や大手ハウスメーカーの下請け。マンションの内装専門、店舗工事専門、建売中心と多岐にわたります。しかし、家を建てる総合力のない工務店では、いい家を期待することはできません。

そのためには、この工務店がどのような仕事がメインか尋ねてください。かならず新築注文住宅がメインの工務店を選びましょう。

現場を観察する

きちんとした仕事ができる現場は整理整頓もできています。

現在、その工務店が施工している現場を教えてもらい、現場を観察してください。もちろん作業の邪魔をしてはいけませんが、現場が整理整頓ができているか、たばこの吸い殻やゴミが散らかっていないか、ちょっと見ただけでわかります。

もしも、現場が乱雑だったら、丁重にお断りしておきましょう。

長期優良住宅は建てられるか

別項で詳しく説明していますが、「長期優良住宅」を依頼する、しないにかかわらず、工務店の実力を知るためには、長期優良住宅が建てられるか否か、尋ねてみることです。

長期優良住宅を建てるためには、工務店に総合力が備わっている必要があります。別に聞いたからといって、建てる義務はありません。それができないレベルでは、いい家は期待できないでしょう。

要望を聞いてくれるかどうか

施主様の希望を聞いて、予算との兼ね合いで、できること、できないことがあります。どれだけ施主様の希望を入れてくれるのか、納得できる説明をしてくれるのかは、重要な問題です。

一生の住まいとなるものですから、妥協はできませんが、もちろん無理難題をふっかけてもいけません。施主様の希望、要望に耳を傾けて、きちんと向き合ってくれるかどうかが大切です。

経験がモノを言う世界

地元で長くやっている工務店は信用できる仕事をしているという証《あかし》です。

ですから、その工務店が創業何年か調べたほうがよいでしょう。

長ければ地元に密着して、土地や環境、地盤についても詳しいでしょう。創業から何年もたっていないならば、資格をもっているか、国家資格や地方試験に合格しなければ得られない資格を取得しているか否か、見ておきましょう。

○住宅の適正価格を知る

さて、ご自分の希望に叶う業者がみつかったとしましょう。この業者なら信頼できそうだからお願いしよう。でも、それで終わりではありません。

どんなにいい腕をもった、信頼に値する業者が見つかったとしても、ご自分の望む家を建てるための予算が折り合わなければ、着工することはできません。

そのためにも住宅の適正価格についての知識も必要となります。

住宅価格は、基本的には坪《つぼ》単価です。業者は販売価格の目安として坪単価で考えます。

しかし、坪単価といっても各社により条件はまちまちです。

住宅の大きさにより、坪単価は変わります。住宅の面積が大きければ坪単価は安くなり、面積が小さければ坪単価は高くなります。

また、水回りの設備、キッチンやトイレ、お風呂や洗面化粧台などでも坪単価は大きく変わります。

ですから、相見積もりをとって比べるにしても、同じ大きさ、形、仕様を揃えておかないと、ただ金額を比較するだけでは意味がありません。

そこで、坪単価で判断するよりも、総額で判断し、果たして自分の予算内に収まるのかで判断してください。けっして、無理はしないでください。お金をかければ、いくらでもいい家は建てられます。しかし、お金が無尽蔵《むじんぞう》に湧いてくるような身分であれば別ですが、どなたにもおのずと予算というものがあります。

限られた予算で、できるだけ自分たちに合った快適な家を建てるということが、よい家づくりの最大のテーマなのです。

坪単価を安く表示している業者は、総額でもたしかに低価格になります。それでも自然素材を使って安く建てるということは、何か特別な仕組みがあるはずです。資材を特別なルートから入れているか、設計から施工まで内製化してコストを抑えているか、設計を社内でできるだけの能力を持っているかです。

このように、坪単価から総額をチェックして、だいたいの適正な価格の目星をつけておくこともとても大切なことです。

第4章
マネープランの立て方

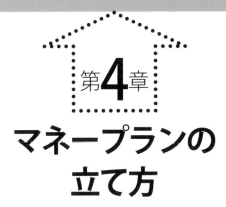

○家づくりのマネープラン

家を建てる場合、ほとんどの方は住宅ローンを利用します。

その場合、たいていローン会社か銀行に相談することになります。名の知れた有名な企業ならば信用できるものと、安心して相談すると思います。

しかし、ちょっと待ってください。

一見、親身に相談に乗ってくれる担当者ですが、別にそれは大手企業だからでも、専門知識もあるからでもありません。お仕事だからです。

「お家をお建てになられるのですね。おめでとうございます」

などと言って、銀行にしても、ローン会社にしても、「皆さんは誰もがこのようにローンをお組みになります」というように商品を勧めてきます。

企業であるなら利益を得ることを最優先するのは当然なのですが、はたしてその商品が、その融資金額が、お客様の事情に本当に合っているものなのでしょうか。

お客様の将来設計を考えて、無理のないお支払いが可能な商品でしょうか。

まず、銀行やローン会社に連絡する前に、最低限のローンの知識を持つようにいたしましょう。

○住宅購入のための金融の知識

多くの人が家を購入するにあたって、30年とか35年の長期ローンを組むことになります。そのためには、失敗しないためのローンの知識、さらには頭金や金利の知識、金利と密接にかかわる経済動向についても最低限の知識は必要です。

景気がいいときには金利が上がり、景気が悪くなると金利が下がるというのは、一般的な経済の原則です。

現在は日銀のゼロ金利で、住宅ローンは組みやすくなっています。しかし、この低金利がずっと続くと考えるのは危険です。

したがって、低金利がずっと続くことを前提にして、無理なローンを組むのは避けてほしいものです。

住宅ローンの金利は、長期国債に連動して変動します。

したがって、日々の経済の変化についても、新聞やネットでチェックしておく必要があります。

家の価格、経済、金利は、すべてつながっています。

今が住宅を買う時期なのか、それとも3年後なのか、5年後なのか、もっと先なのか、世界経済の動きと住まいづくりは関係してきます。そのうえで、確実な安全策をとってローンを組むことをお勧めします。

書店に行けば経済の本はいくらでもあります。

数学の勉強をすれば、数学の偏差値が上がるように、経済と金利の勉強をしていくと、世の中の動きが見えてきます。

間違いなく不動産に対する偏差値も上がってくるでしょう。

不動産の場合、購入金額は数千万と決して安くありませんから、金融の知識があるかないかで、数百万円の差が生まれてきます。

難しい勉強は必要ありません。日経新聞を読む。テレビの経済ニュースを見る。マンガの経済入門書を読む。やさしい経済入門書を読む。

ただ目的もなく勉強するなら、飽きてしまうでしょうが、マイホームを手に入れて家族が幸せに暮らすための知識です。そのように考えるならば、少しは経済の勉強にも身が入るのではないでしょうか。

○住宅ローンはいかに組むか

住宅ローンは、住宅を購入する目的で利用できる貸付制度です。使う対象は、あくまでも「自宅として使う家」を取得する目的に限られています。

住宅ローンには、大きく分けて、公的融資と民間融資のふたつがあります。

また、民間が融資して、住宅金融支援機構が保障する「フラット35」という長期固定の融資制度もあります。

公的融資は、国や自治体が行う融資で、財形住宅融資や自治住宅融資があります。

財形住宅融資は、勤務先が財形貯蓄制度（財形住宅貯蓄、財形年金貯蓄、一般財形貯蓄）がある会社員が融資対象に限られています。

そのような制度のない会社に勤務している会社員や自営業の方は、これを利用することはできません。

自治住宅融資とは、都道府県や市区町村などの自治体がおこなっている融資制度です。

その管轄するエリアの居住者や勤務者のエリア内での住宅取得を支援する目的で設けられた制度で、「融資斡旋」や「利子補給」などの形態をとります。

ただし、どの自治体にもあるわけではなく、このような制度を設けていない自治体や規模を縮小しているところもあるので、事前に調べておく必要があります。

民間融資は、民間の金融機関が提供している住宅ローンのことです。

取り扱っている金融機関としては、都市銀行、地方銀行、信託銀行、信用金庫、信用組合、生命保険会社、モーゲージバンク、ろうきん（労働金庫）、ＪＡ（農協）などがあります。

他に民間企業の従業員向けの社内融資制度、公務員の共済組合の融資制度などもあります。

このように住宅ローンを組む前に、ご自分はどの融資制度が利用可能か事前に調べておく必要はあります。

○種類が豊富な民間ローン

民間ローンの中で最も種類の豊富なのが銀行です。

銀行間では競争が激しく、金利面やサービス面でも多種多様で、さまざまな違いをそれぞれが主張していて迷ってしまうところです。

さらに、かつて公庫融資とされていたものが、現在では「フラット35」として、各銀行でとり扱っています。

銀行も大手都市銀行や地方銀行、信用金庫のような地域密着の銀行のほかに、ネット銀行や新興の新生銀行や東京スター銀行など多様です。

信用金庫やネット銀行、新興の銀行は金利が低い、公的融資に近い固定型金利商品を取り扱っています。

また、貯蓄残高によって金利を安くしたりする特色のある住宅ローンを取り扱っています。

都市銀行の中では、がんや生活習慣病にかかった時にはローン返済が免除になるサービスをつけているところもあり、検討の余地はあるでしょう。

民間ローンは、非常に種類が多く、それぞれに考えられたものがありますから、最低で3つくらいは比較検討し、できたら見積を出してもらうことをお勧めしています。

また、都市銀行、地方銀行、信用金庫、ネット銀行など金融機関のレベルを変えて比較検討してみることも大事なことになります。

○金利のタイプはいかに選ぶか

住宅ローンを選ぶ際には、「固定金利」と「変動金利」の2種類があることを憶えておきましょう。

「固定金利」とは、全期間を通して金利が同一であるもの。金利が低い時代に借りておけば、金利が上昇しても低いままなので、返済額が一定のままでいいのです。家計管理がしやすくなる、というのが「固定金利」のメリットです。

一方で「変動金利」とは、政策金利や長期国債の金利に連動して、適用金利が変わるものです。

住宅ローンの場合、変動金利を選ぶと、当初数年間は固定金利でも、以降は半年に一度は金利の見直しが行われるタイプが一般的です。

「変動金利」の場合、通常は「固定金利」よりも低く設定されています。現在のように低金利時代であれば、毎月の支払額を低く抑えていられますが、金利が上昇傾向の時代になると、当然ながら金利も上昇し、当然ながら返済額も大きくなっていきます。

「固定金利」型には、他に「段階金利」型（11年目に1回金利が上がる）があり、「変動金利」型には、上限金利特約（キャップ）付きなどがあります。

また、固定金利選択型というものがあり、固定金利期間終了後には、そのまま固定にするか、変動金利にするかを選択できるものもあります。

いずれを選ぶかは、家を購入する時の金利動向を見て判断していくことになります。

もしも低金利が続き、その後上昇していく気配が濃厚ならば、長期の固定金利を選んだ方がいいでしょうし、低金利が当分続くと考えられるならば、変動金利の方がメリットはあると考えられます。

金利が1パーセント違うだけで、ローンの返済総額と月々の返済額は大きく違ってきます。

現在の低金利は、ある意味では異常なことであると考えられます。金利は経済の変動や国の財政状況によっては、急に上昇することもあります。

「五年以内に返済する」という人以外は、固定金利で借りておくことをおすすめしていますが、そのような判断を独自にできるようになるためにも、経済のことや金利のことについての多少の知識は必要不可欠といえるでしょう。

○自営業やフリーランスは苦労する

これまで説明してきたことは、会社に勤めている会社員を前提に説明しています。

一方、自営業やフリーランスの人は、ローンを組むのに苦労します。

言い方を変えれば、貸してくれる先を見つけるのが大変である、ということです。

銀行がローン審査する際のチェックポイントは3つあります。

第一に見るのは、借主本人の年収と債務履歴です。

少なくないお金を借りるのですから、それを返済するだけの能力があるかチェックするのは当然です。

月々返済して、長い年月をかけて返済するだけの収入があるか。

他から借りているローンはないか。

会社員であれば、不測の事態がない限り、月々決まった収入がありますから、簡単にチェックができますが、自営業やフリーランスだと、収入が一定していないので、審査は厳しくなります。

仮に現在、ある程度の収入があるとしても、今後30年や35年の間、滞《とどこお》りなく収入があるか、という予測も含めて審査するわけですから厳しくなるのは当然です。


第二に見られるのは、ローン申込希望者の勤めている会社の状態です。長期ローンを組んでも大丈夫かどうか、あまり事業内容がよくないと将来の倒産というリスクも高くなるので慎重に審査します。

会社に属していない自営業やフリーランスとなると、さらにリスクは高くなります。本人が大丈夫であっても、取引先が減ったり、景気の変動による収入の減少などが起こる可能性はないか、などかなり厳しいチェックが入ります。


第三には、その物件自体の担保価値です。例えば5000万円を借り入れるのに、その物件の価値が６０００万円あれば問題はありません。仮にローンを払えなくなっても、物件を押さえてしまえば損失は免れるからです。将来価格が下がっても貸したお金に見合うだけの担保価値があれば貸せると判断します。

一般的には、一番目と二番目を重視する傾向があるようです。

昔は、自営業やフリーランスは、なかなかまとまったお金は借りられないものでした。そのような人が住宅を買うとなると、ある程度お金を貯めて現金で買うか、頭金を大きくして、ローンの額を少なくするしかなかったようです。

しかし昨今では、自営業者やフリーランスの人たちでも利用できる住宅ローンもでてきています。

例えば、ゆうちょ銀行では、そのような人を対象とした住宅ローン商品があります。また、ネット銀行は比較的に融資条件がゆるい傾向があり、以前のように借りにくい状況は改善されているようです。

今日では、金融機関もサービスを競い合う厳しい時代になっているので、さまざまな商品が提供され、今後もさらに増えていくと思います。

借り手が金融機関を選ぶ時代になっているといってもいいでしょう。

ですから、会社員でないからといって諦める必要はありません。

今日の社会では、仕事の形態も様《さま》変わりして、ひと昔前の働き方の常識がどんどん崩され、それに合わせて新たな形の金融商品も登場しています。ですから丹念に調べれば、必ず道は拓けるものです。

○住宅ローンと金利の関係

2010年に日銀が「ゼロ金利政策」を実施してから、住宅ローンの金利は市場最低に下がっています。

この低い金利を利用して、通常であれば、住宅を購入できなかったような低所得者層までが住宅を購入しているようです。

しかし、現在の低金利は、普通の状態ではないことを認識しておく必要があります。

将来的には政策金利がゼロベースを解除していくことが想定されます。現在の金利が非常事態の政策の結果であり、金利の急上昇局面も想定されますので、無理な借り入れは避けたいものです。

金利には「短期金利」と「長期金利」があります。

「短期金利」は銀行間の貸し借りに使われる金利で、「長期金利」は「10年以上の長期の金利」をいいます。

住宅ローンの金利は、長期金利を目安に決められています。ですから、金利動向を見ていくには、短期金利ではなく、長期金利の動きを見ていく必要があります。

短期金利は日銀が決めていますが、長期金利はマーケットが決定するものですから、経済の動向で決まり、誰かの考えで勝手に決められるものではありません。

もし家を購入する局面で、今後、金利は上昇すると思うならば、長期の固定金利型の住宅ローンを組むべきです。

いずれにしろ、今後住宅ローンを組むにあたっては、長期金利の動向をつかんで、有利な契約を組むようこころがけておきましょう。

○頭金とローンの関係

住宅ローンを組む場合に頭金をどうするかという問題があります。

住宅ローンでは、物件価格の100パーセント全額を貸し付けるケースは少なく、おおむね「物件価格の80〜90パーセントまで」というのが一般的です。

もしも4000万円の物件を購入する場合、上限が80パーセントと仮定すれば、3200万円を借り入れ、残りの800万円は自己資金でまかない、これが頭金になるということです。

現在では、住宅ローンの種類も豊富になり、100パーセント全額貸してくれるものもあるようです。

しかし、ローンは言うまでもなく借金ですから、返済しなければならないものです。

当座の資金負担はかるくなると言っても、30年、35年という長期間で返済しなければならないということを忘れてはいけません。返済期間が長ければ長いほど、その分金利が乗っかった額を返済しなければならなくなります。

しかし、頭金を多く用意すれば、その分、月々の返済額も小さくて済みます。できるならば、物件価格の20パーセント程度の頭金は用意した方が、後の返済額が少なくなり、理想的だと思います。

ここで頭金によって返済額がどれくらい違うか見てみましょう。

年収600万円の人が4000万円の物件を購入するとします（諸費用の約5パーセントは考慮しません）。

頭金ゼロで、4000万円全額を借りて、35年ローン【金利1・5とします】を組むと、月々の返済額は122、985円（元利均等払い）となり、35年の返済総額は51、438、660円になり、金利負担が11、438、660円となります。つまり金利だけでゆうに1100万円以上支払うということになります。

頭金を500万円にして、借入3500万円にすると、月々の返済は107、164円になり、35年の返済総額は45、008、880円となり、金利負担は10、008、880

円となります。約1000万円です。

頭金を1000万円にし、借入3000万円にすると、月々の返済は91、855円となり、35年の返済総額は38、579、100円で金利負担分は8、579、100円となります。

頭金を1500万円にした場合には、借入金2500万円で、月々の返済額は76、546円で、35年の返済総額は32、149、320円となり、金利負担分は7、149、320円となります。

頭金ゼロと1500万円用意した場合を比べると、月々の返済額で5万円、金利負担で430万円も違います。これくらい頭金により負担額が異なってきます。

できる限り頭金を多くして、自己資金の少ない場合は、ご両親の援助などで、できるだけお金をかき集めて頭金にした方が、後々楽になります。

月々の返済額を少なくするには、ローン期間を長くすればいいのですが、その分、金利負担も大きくなります。当初は長くローン期間を設定していても、数年ごとに繰り上げ返済していくことができれば理想的です。

1回に100万円ずつでも繰り上げ返済していけば、返済総額はずいぶん違ってきます。

第5章

契約後にすべきこと

○契約してほっとしてはいけない

ここでは、契約も終わり、いよいよ工事が始まるところをシミュレーションしていきましょう。

前にも書いたとおり、工務店にお任せというスタンスではなく、実際に現場に足を運んで、施主として確認することを怠ってはいけません。契約して、ほっとして何もせずに後はおまかせというわけにはいかないのです。忙しいのわかりますが、その合間をぬってできる限り現場に出向く心構えでいてください。

業者さんによっては、「いちいち見に来なくて大丈夫ですよ！」といって現場に来られるのを避けるところもあります。

しかし、わが社の現場では、いつでも施主様がお越しになっていただいても、恥ずかしくない仕事を心がけています。

さて、契約後の流れを順番に説明していきます。

○契約後、まず建築確認申請する

施工会社と契約した後は、まず着工前に建築確認申請という書類を最寄りの役所に提出します。

これは、これから建てようとしている建築物が、建築基準法や条例などの法律に定めるところに適合しているかという点を確認するためです。

その際には、図面も提出します。そのため、建築確認申請前に間取りが決定していなければなりません。もしも間取りを変更したいのであれば、この建築確認申請前にその旨を施工会社に伝えてください。

基本的に申請後の間取り変更は不可です。

申請後にどうしても変更したい場合は、手間も費用もかかるので、極力避けてほしいのです。なぜなら変更する場合は、一度提出済みの建築確認申請を取り下げ、新たに図面を引き直し、建築確認を再度提出する必要があります。

申請前によく検討して、そのうえで建築確認申請をするようにしてください。

○地鎮祭《じちんさい》はできるだけおこなう

近頃では地鎮祭を省《はぶ》く施主様も少なくありません。

地鎮祭は、自分の住もうとしている土地の神様をお呼びして、許可をいただくとともに一家を護っていただけるようお願いする大切な儀式なのです。

そんなの迷信だとか、今の時代には必要ない、という考えの方も増えていますが、地鎮祭はぜひともやっていただきたいものです。

一般的には、地鎮祭は着工前に神を祀って工事の安全や無事を祈る儀式として地元の神社の神主さんを呼んで執りおこなうので、工事に携わる施工業者がするものだという施主様もいらっしゃいます。しかし、本来、施主様ご家族が主となって、無事に家が建ち、この地で一家が繁栄して行きますようにと、神様にお願いする神聖な儀式なのです。

＜地鎮祭で用意するもの＞

施主が用意するもの

・米（一合）・酒（一升）・塩（一合）・海の幸（鯛、鰹節、するめ、昆布）
・野菜（大根、人参、蓮根、葉物など）・果物（季節のもの）
・人数分の湯飲みまたは紙コップ（お神酒用の盃）・初穂料

施工会社に頼めば用意してくれるもの

・笹竹・しめ縄・砂・鍬・スコップ・鎌・テント・椅子・ブルーシート
初穂料（玉串料）：神主さんに納める礼金（相場料金は３万円～５万円）

この儀式に必要なものとしては、お米やお酒、海の幸（鯛、するめ、昆布など）や山の幸（野菜、果物、キノコ類）というお供えもの、笹竹やしめ縄、砂などを用意します。

本来は施主様がこれらを用意するものですが、最近では、施工会社や神社で用意しなければならないこともあります。

私どもでは、家を建てる前の地鎮祭は、これから末永く一家を護っていただけるように、そして家運繁栄を祈って、ご家族皆さんでできるかぎり履行することをお勧めしています。

○感謝の気持ちを表わす上棟式《じょうとうしき》

上棟式とは、建物が無事に完成するように祈願する大切な儀式です。

柱や梁が組み上がり、棟木という屋根の一番高いところに用いる部材を取り付ける日におこないます。

「棟上《むねあ》げ」や「建前《たてまえ》」とも呼ばれます。

上棟式は、施主様が職人の労をねぎらい、感謝の気持ちを表すための場です。

上棟式に施主が用意するものは、お酒、お塩、お米。出席者にふるまう料理や飲み物。職人などに渡すご祝儀や引き出物、折詰などです。

餅まきをする場合は、餅やおひねり、お菓子などを用意して、近所の人たちと一緒に祝います。

お酒が入る儀式なので、近年では職人の飲酒運転を避けるために行わないところもあります。その場合でも、建前の日にはお土産に、お酒とお赤飯、ご祝儀などを渡して、感謝の気持ちを伝えています。

年々簡略化され、中には執り行わない施主様もおられるようですが、上棟式は、施主様や施工会社、職人が一堂に会する唯一の場です。お互いに顔を合わせ、感謝と安全祈願の意思表示することは、いい家づくりには欠かすことができません。

大切なコミュニケーションの場として、ぜひおこなってほしいものです。

○近所へのあいさつ回り

忘れがちになるのが、着工前のご近所様へのご挨拶です。

これから長くよい関係を築いていかなければならないので、私どもは工事の関係者はもちろん欠かしませんが、施主様にもお願いしています。

工事が始まると、作業の音が頻繁にするようになり、車の往来も激しくなります。ご近所の方には何かとご迷惑をお掛けすることになりますので、事前のご挨拶は欠かせません。

家の建て替えでも、新築でも同じです。これからお付き合いをいただくご近所の方にご挨拶することで、気持ちよく住むことができます。

もともとの土地の方でも、改めてご挨拶することで、スムーズな人間関係を創っていくことができます。

施工会社は必ず挨拶周りをしますが、施主様はそれより前にご挨拶するのがエチケットというものです。

この挨拶ひとつで、ご近所も安心され、施主様を見る目が変わってきます。

何軒先まで挨拶したらいいのかわからないときには、施工会社の方に聞いてみるといいでしょう。そうしたことには慣れているでしょうから、適切なアドバイスをいただけます。

○仮設トイレも清潔に

施工中は職人が仮設トイレを使います。

現場見学する際には、ぜひ仮設トイレが清潔に使われているかチェックしてください。工事中は職人の足元は泥だらけなので、トイレも汚しがちになります。よい施工会社は、仮設トイレの使い方もきれいです。

トイレに限らず、現場の整理整頓は、よい施工会社ならしっかり行っています。現場が清潔に保たれている現場は、出来上がった建物も気持ちよく住めるものに仕上がっています。

そのような目で仮設トイレをチェックしてみてください。

○現場の防犯・安全対策は万全か

建築中の家の敷地と道路の境に仮設のガードフェンスやアコーディオンゲートが設置してあるか、確認してください。

ゲートは関係者以外が入れないように鍵がしてあるかも大事なポイントです。

建築資材や道具類の盗難防止、不審者の夜間の侵入などないように防犯対策としてフェンスやゲートが必要なのです。

また、子どもが面白がって立ち入る可能性もあります。そこでケガでもしたら大変です。そのようなことがないように安全対策は万全かチェックをしてください。

施工会社の責任といっても、施主様には関係ないともいいきれません。

そのような対策が万全にできる会社を選ぶようにしましょう。

○着工後の仕様変更は可能か

床の色やクロスの種類など、工事の進行に合わせて相談する業者がいます。一方、事前に全てが決定していないと工事を始めない業者もいます。

大手のハウスメーカーは、仕様を規格化することでコストダウンしていますから、着工後の変更はできないか、オプションとなって追加料金が発生することになります。

それに対して工務店ならば、臨機応変に仕様変更に対応してくれます。

何か月前に仕様を決定していたとしても、実際に発注するのは取り付け直前となることが多いからです。

いつまでなら変更可能かは一概には言えませんが、どうしても変更したいと思ったら、相談してもいいかもしれません。

あまり頻繁に変更すると、工期にも影響します。ですからおすすめはできませんが、違和感をもってずっと住むよりは、変えられる時に変えた方がいいでしょう。

しかし、原則は一度決めたものは変えない、ということを念頭に置いてください。時間や費用を無駄にしないためにも、そのような心構えが必要です。

○監督の質が家の質を決める

どれほど素材がよくても、実際に作るのは職人です。

そして職人たちの腕がよくても、その職人たちを使いこなすのは現場監督です。

監督の指示が悪ければ、優れた職人であっても、それを発揮することができないということもあります。

家を建てるには、大工、左官《さかん》職人、電気工事職人など各専門のスペシャリストたちが入れ替わり立ち代わり現場で作業をします。その一連の作業をすべて取り仕切っているのが現場監督です。

段取りよく、指示を細かく、適確に職人に出すことで、住み心地のよい、いい家が建つのです。

施主様の要望を直接聞くのも現場監督です。実際に施主様の意図を形にするのは、現場監督の仕事だともいえます。

ですから現場に行った時には、現場の監督とうまくコミュニケーションをとることも大切です。

○しっかり養生《ようじょう》で保護されているか

工事現場では、工事の際に損傷・ダメージ、汚れを防ぐために「養生《ようじょう》シート」などの保護材で覆います。これを養生といいます。

土台、床、窓枠、階段等を保護します。

また、工事中に発生するホコリや塗料の飛散を防ぐ足場のネットなどもあります。施主様にお渡しする住宅の見えないところにまで心配りできるかどうか、そこに施工会社のレベルがはかれます。

養生のポイントとなるのは次のところです。

・基礎の養生

基礎は建物を地面にしっかりと固定するベースです。

基礎を作る手順としては、鉄筋を組み、型枠を組み、コンクリートを流し込みます。コンクリートを流し込んだ基礎の立ち上がり部分の外周が養生されているかチェックしてください。

コンクリートを保護するとともに、雨が降ったりすると泥が跳ねて基礎を汚すのを防ぎます。

・土台の養生

建物本体と基礎をつなぐ大事な部分が土台です。

建築後には目に触れることがない土台だからといって、工事中に職人の足跡で汚れないように養生しているかチェックしましょう。

目に見えないところだから汚れても構わないと考えている会社は、養生をしません。そのような会社は、見えないところはごまかすということを平気で行なうところですから、用心に越したことはありません。

養生は土台の敷き込み完了時から、土台にはもう乗らないという段階まで設置します。いままでは、ほとんどがやっていることですから、やらないところは相当レベルが低いものと憶えておいた方がいいでしょう。

・床の養生

床を張った後に養生します。

養生シートを敷いただけでは、重い工具を落としたりしたら、傷がついてしまいます。そのためシートの下に養生ボードを敷いていれば安心です。

引き渡し時に床に傷がついていたらがっかりです。良心的な会社なら床を傷やホコリから守ります。

・材木の養生

材木はできるだけ水に濡らすのはさけたいもの。材木をきちんとブルーシートをかけて保護しているか確認してください。

現場に置いてある材木を無造作に放り出しているような会社では、いい家づくりはできるはずがありません。

屋根下地の野地板は、濡れても問題ない部分もありますが、しっかりした施工会社は、この野地板もきっちりブルーシートをかけて濡れないように保護します。

・窓枠の養生

窓を設置して窓枠を取り付けた後、そのちょっとしたスペースにタバコの吸い殻が入った空き缶や釘の箱などを何の気なしに置いてしまいがちです。

しかし、そのような不注意で窓枠に傷がつかないとも限りません。窓枠にも養生しているかチェックしておきましょう。

○看板シートはきちんと張ってあるか

建設中の現場で、足場を覆う施工会社の名前が入っている看板シートがあります。看板シートは、いわば会社の顔です。これがぞんざいに張ってあるか、きれいにピンと張ってあるかで、その会社の体質がわかります。

きれいに張ってある現場なら、安心して任せられます。

確認掲示板も同様です。

そのようなちょっとしたところでも会社の本質は見えてしまいます。

○職人さんのヘルメット

高所作業ではヘルメットの着用は義務付けられています。それが守られていない現場では、会社が法令を守っていない可能性があります。小さなことも守れない会社は、大きなものも守れないからです。

ヘルメットは職人の安全確保のために必須です。それをかぶらなくても平気でいられる会社や現場監督では、きちんとした建物は建てられないでしょう。

現場に行ったら施主様もかぶります。そのように言われたら、ちゃんとした会社であると認識して下さい。

○職人たちがあいさつしてくれるか

建築現場に見学に行ったら、職人がちゃんとあいさつしてくれるか、けっこう大事なポイントになります。

職人は結構難しい人が多くいます。腕はいいけど、無口でシャイみたいな人は多いです。しかし、それでも現場監督がしっかりしていれば、お客さん、ましてや施主様だったら、きちんと挨拶できなければおかしいです。

昔ならともかく、現代では腕がいいから挨拶できなくてもいい、とは言えません。

挨拶は社会人のマナーです。それができないようでは問題です。ちょっとしたことかもしれませんが、きちんと挨拶できれば、お互い気持ちのいいものです。

○引き渡し時の確認事項

工事も完了し、引き渡しの当日、天井や壁、床などに汚れや傷がないかきちんとチェックしましょう。

床下にゴミがないかも確認しましょう。

家の周りに工事中のゴミが落ちていないか、確認しましょう。

引き渡し時には、給湯器やＩＨ調理器などの使い方を説明してもらいましょう。

また、傷の有無の最終確認を忘れずにしてください。

そして、施工業者から鍵を受け取れば、その建物は、晴れてマイホームということになります。

第6章

オンリーワンのデザイン住宅

○「寄り添い型の家づくり」を目指して

私どもは、兵庫県の北部に位置する豊岡市という人口８万人の地方都市を拠点にして、地元の家づくりを行っています。

豊岡は、全国有数のカバンのメーカーとして有名なのはご存知でしょうか。そのため、腕のいい職人を多数輩出する地域としても知られています。

私は生まれも育ちも豊岡という、生粋の豊岡っ子であることを誇りにしています。

山も川も海もあるという、自然に恵まれた土地に生まれ育ち、人生を地元の人たちの家づくりに携われていることに感謝しています。

私だけでなく、わが社の社員は、いずれも地元の人間で、この豊岡という独特の風土をだれよりもよく理解しており、常に自分を育んでくれた土地で建築という仕事を通して恩返しをしたいと仕事に取り組んでいます。

豊岡市は盆地で特有の気候があり、自然環境は厳しいと言えるかもしれません。冬には湿った重い雪が降り、時には川が氾濫することもあります。

そのような気候風土を頭にいれておかなければ、この土地で建築をなりわいとすることはできません。

そのため、この土地には大手ハウスメーカーが参入しにくいようです。

大手さんたちは気候風土に関係なく、工場で大量生産された素材を組み合わせて、どこでも同じような家を作ることでコストダウンと効率化をはかり、利益を上げる構造を成り立たせています。

ところが、豊岡特有の気候と風土を理解しておかないと、なかなか地元の理解を得られるのは難しいと思います。

私たちが当たり前にできることは知識と経験があるからで、大手といえども一般の施工業者のやり方では、かなり難しいものだと思います。


私の目指している住宅とは、日本の伝統工法にのっとった、木や石、漆喰《しっくい》、和紙など、できるだけ自然素材を使って、その土地の風土や気候に合い、長く住んでも飽きることのない家づくりです。

しかも100の家族があれば、それぞれの家族の求める住まいも100通りなければならないはずだと思ってきました。

しかし、大手ハウスメーカーが提供する建売住宅は、どれも個性のない、一見すれば見栄えはいいけれど、実際住んでみると、夏熱く冬寒く、湿気やカビに悩まされたり、虫が湧いたりと、施主様の苦情も少なくありません。

そして、何か住まいのトラブルがあるたびに、高いメンテナンスの費用を用意しなければなりません。


「家は資産」といわれた大手住宅メーカーの言葉は、たしかな建築技術で建てられたその環境に適した家のことではないでしょうか。大量生産のパーツを組み合わせてできた大手住宅メーカーの家が、いかに偽りであるかをしみじみ知らされます。

なぜなら、そのような苦情を数限りなく聞かされてきたからです。

本書を手がけようとしたのもまた、せっかく建てた家にもかかわらず、後悔が残る家に住み続けなければならない施主様たちの思いに感じて、地元の工務店の代表として家づくりの本当の姿勢をお伝えしたかったからです。

私どもは、施主様のご要望にできる限りお応えして、喜びのお言葉をいただける家づくりを目指してきました。

私は、平成25年まで現場で大工として腕を磨いてきました。厳しい現場ではありましたが、先輩である腕のよい職人さんたちの技術を習得しながら実際に150棟もの家づくりに関わりました。そして、さまざまな施主様のご要望にはどうお応えすればよいのかを実際に体で覚えてきました。

施主様が、どのような外観で、その家でどのように家族がそれぞれ生活していきたいのか、建てる前のお話をうかがうところから、大切なポイントを外さないように気をつけてきました。

地盤はどうか、耐震はどうか、環境に適しているかなどはもちろんですが、施主様の家づくりのイメージを崩さず、完成させることで、満足される家づくりこそが最も大切なことだと学ぶことができました。

現場ではさまざまな問題点が発生します。それをできるだけ予算に収まる最善の形で解決させていくということが日々の作業です。

現場では、建築士が設計した図面に基づいて作業をします。現場の大工だった私は、本当はこうした方がいいのにと思っても、図面のとおり作業を行わなければなりません。

しかし建築士は、実際の現場を熟知しているわけではありません。机の上で行う作業では、現場における微妙な点については知りようがないのです。

もう少し現場の理解があれば、もっと住み心地がいい家が建てられるのに、という思いが常にありました。

そこで私は、一念発起して建築士の資格を取ることを決意しました。

いくら現場で不満を抱えていても、それはただの個人の不満でしかありません。その不満を解消して、本当に施主様が満足していただける家づくりをするためにも、自分が設計から携わることができる立場になるしか道はないと思えたのです。

建築士と大工の息が合っていないとうまくいきません。つまり、設計と施工がしっかり連携していないと、いい家づくりは困難なのです。どうしても出来合いの建物でごまかすようなことになってしまいます。

私は、本当に施主様が満足していただける住まいを実現するために、全ての工程を頭と体に叩き込んでいます。

私のモットーは「**寄り添い型の家づくり**」です。

施主様のご要望を徹底的に取材いたします。通常は、1回か2回の打ち合わせで決めて、ほとんどが業者主導で進行します。

ハウスメーカーなどは、あらかじめ決めてあるプランにお客さまの要望をはめ込んでいくというもので、満足な家づくりができるはずがありません。

私どもは徹底的にお客様の要望をうかがうという姿勢を貫いています。

大手ハウスメーカーですと、だいたい2回くらい打ち合わせをすると、「詳しい内容についての打ち合わせは、仮契約をしてからにいたしましょう」と強引に契約に持っていこうとします。

そして仮契約が済むと、4回目に本契約となって、それからはアリバイ的に打ち合わせらしいものをして、もう工事の日程を決めて、ハウスメーカー主導のスケジュールで進行するようになります。

これでは、施主様のご希望を十分に反映した家などつくることは不可能です。

私どもは、お客様の納得がいくまで、徹底して打ち合わせの時間をとります。

時には、施主様の方から、「まだ打ち合わせをするのですか」と言われることもありますが、それはお客様の中に明確なイメージがなくて、言葉にできないところを、何とか形にするための打ち合わせなのです。


最初にイメージがはっきりしていない場合でも、プランが具体的になってくると要望はかなり明確になってきます。

もちろん、できる限り予算内で施主様の要望を実現できるように努力します。

しかし、予算の関係でできないこともあります。その場合は、その点ははっきりと申し上げるようにして代替案などを提案したりします。ですから打ち合わせは大事なのです。

大手ハウスメーカーの場合には、当初は比較的予算内の見積もりを提示します。

しかし、お客様の要望を適当に誘導しながら、予算以外にオプションとして追加の費用を請求することがありますが、私どもの仕事では、そのようなことがないように、できることはできる、できないことはできない、とはっきり申し上げています。

100人の施主様がおられれば、100通りの住まいがあります。

大手ハウスメーカーの「注文住宅」と称する建売住宅は、どれも同じような顔をしています。大量生産の方が安く上がるのは間違いないからです。

しかし、私は施主様に寄り添い、できる限りご要望を形にするために手を抜きません。そのために、既存の家具では、どうしても部屋の広さや形に合わないケースがでてくることも多々あります。

だったら、オリジナル家具を作ればいい、と思って**部屋のデザインに合わせて、オリジナル家具を作って提供**しています。

もともと畳屋だったところの倉庫を買い取って、家具工場にリニューアルしました。

ここから、オリジナルの無垢材のドアやキッチンカウンター、床材はオリジナルのフローリングを実現し、できる限り自然素材を使用しています。

ちなみに、これらオリジナルの無垢材のドアやフローリングなどは、高品質で手触りも格別なため評判となり、全国の工務店から受注の依頼が来るほどです。

「デザイン性の高い完全オーダーメイド家具付き注文住宅」

これが私の求めていた家づくりなのです。

それは、私どもウッドプランの技術とアイデアの結晶であり、他社も真似のできないものと自信をもっているところです。

完全自由設計で、しかもデザイン性の高い完全オーダーメイドの家具付きの新築注文住宅というと、皆さんは「さぞ、お高いでしょうね」必ずとおっしゃいます。

それで、実際の価格を聞くと予想外に低価格なのに驚かれます。逆に「これで商売やっていけるのですか」と心配されることもあります。

私どもが安くお客様に提供できるのは、外部に製作を委託せず、家具職人と大工を揃えることで内製化していることです。

腕のいい家具職人、ベテランの大工、そして大工経験のある一級建築士というプロ集団だからこそ可能な高い品質と低価格なのです。

それがウッドプランの強みなのです。

既製品では望みようがない独自性のあるデザインの家具であっても、ウッドプランなら可能です。無理だろうと思わず、ご相談いただければ、ご要望に合わせた家具を作ってさしあげています。

デザイン性と美観、それに機能性がバランスがとれており、見た目も素敵で、しかも住んで快適という住まいづくりを目指しています。

それには地元の気候風土を十分考慮しなければ実現不可能です。

自然素材はなによりも快適だけでなく、住む人の健康を守ります。木造住宅は、呼吸します。外気に合わせて、室内環境を調整してくれます。快適な室内空間は、住む人の気分も快適にしてくれます。

その土地に合わせた自然素材で建てた家は、住んでおられる施主様から好評をいただいております。

また、いくら見た目が良く、住んで快適であっても、地震や台風に弱ければ、それは意味がありません。

その家がしっかりしているかどうかは、家の構造計算をしなければなりません。

当社では、外部の業者に委託することなく、自社で構造計算ができるという強みもあります。一般的に不動産会社や工務店でも自前で構造計算ができるところは珍しい部類に入ります。

また、ウッドプランでは、「パッシブ設計」という、エアコンに頼らなくても夏は涼しく、冬は暖かいという、自然素材を利用した健康住宅を可能にしています。

夏は南から陽が入るように設計し、そこに植樹することで、木で光を遮り、木陰を風が通るようにし、冬は落葉樹を植えることで南からの暖かな光をふんだんに入れるというデザイン設計を心がけています。

そのため光熱費を抑えることができます。

ウッドプランが目指しているのは、施主様へ完成引き渡し時に「作り手」と「受け手」が感動の涙を流すという「感動プロジェクト」を継続していくことです。

○ウッドプランの住まいとは

それではここで、実際にウッドプランが提供している住まいをご案内しましょう。

私たちのコンセプトは次の6つです。

お客様の住まいに対する考え、年代、家族構成、ライフプラン等、それぞれ違います。

それら多様なニーズに応えられるように6つのコンセプトで住まいを提供させていただいています。

・プレミアム
・スタイル
・スタイルボックス
・ウィズ・アーキテクト
・リ・ウッド
・ラシア

・プレミアム

完全オーダーメイドでつくる高品質の注文住宅である「ウッド・プレミアム」。住まいに対する要望は、たくさんあるでしょう。

プレミアムは、そんな施主様の要望を叶える完全自由設計の注文住宅です。施主様の要望を徹底的に取材して、それを形にするので、世界でたった一つの住まいができるのです。

しかも、細部にまでこだわり、その世界で一つの家にピッタリとフィットするオリジナル家具付ですから、高い完成度を楽しむことができます。

このプレミアムには、〝ナチュラルウッド〟と〝モダンウッド〟という2タイプがご用意されています。

〝ナチュラルウッド〟は、薄めの色合いの木材を使用して、明るいカラーで開放感のある空間を演出します。自然な肌合いの温かみのある内装は、まるで北欧の住まいを彷彿させます。

一方、〝モダンウッド〟は、ダークな色合いの木材を使用したモダンな風合いの住まいです。

ウォールナットの色調がブルックリンスタイルや和モダンの空間を演出してくれます。完全自由設計で、しかもオリジナル家具付きと聞いたら、どなたでも、さぞお高いだろう、と思われます。

しかし、施主様の要望を実現しながら、低価格にコストを抑えています。

ウッドプランでは、住宅業界の「常識」にとらわれず、費用や作業工程を徹底的に見直し、過剰なコストをカットして、リーズナブルな価格に設定しています。

また、前にも書いた通り、家づくりに関わる職人さんはすべて内製化しているので、自然素材を低価格で、しかもスピーディに提供しています。これは他社が真似のできないシステムです。これによって価格を押さえながらハイレベルのデザイン設計の家づくりが可能なのです。

ですから施主様の夢をご予算内で実現することができます。

現代では、家族構成、ライフスタイル、趣味、価値観により住まいに対する要望は多様化しています。

「子供がのびのびと過ごせる家にしたい」「料理のしやすい広いキッチンがほしい」「読

書を楽しむ書斎が欲しい」など家に寄せる思いはいろいろです。

完全自由設計で、お風呂以外の商品はすべて完全オーダーメイドを可能にしているのは、とにかく一級建築士や家具職人が施主様のご要望にフレキシブルに対応して、自由度の高い注文住宅をつくり上げているからです。

「プレミアム」では、ウッド・プレミアムのほかにも、お客さまの要望に応える形で、さらに2つのタイプの住まいをファシリティを用意しています。

be-plus【ビープラス】は、夏涼しく、冬暖かい住まいで、機能性、デザイン性、性能のバランスがとれた住まいです。

パッシブデザインにより、断熱、自然風利用、日射遮断、昼光利用、日射熱利用暖房を入れた設計を行うとともに、7つのシミュレーションのプログラム（外皮性能計算、光熱費計算、室温趣シミュレーター、暖冷房能力認定、結露判定、熱容量計算）を導入した、きわめて機能性の高い住まいです。

ZEH【ネット・ゼロ・エネルギー・ハウス】とは、1年間の消費エネルギーよりも住宅で作ったエネルギーの方が多い、またはゼロになる住まいのことをいいます。断熱に省エネに加えて、創エネと蓄エネを加えたエコロジーの家です。国から補助金が出る場合もあります。

・スタイル

ライフスタイルに合わせて、選べる二階建ての規格住宅です。

好みやご予算に合わせた2タイプを用意しています。


ホーマ・セレクトは、洗練されたデザインパッケージを基本に、間取りやレイアウトのバリエーションは豊富に取り揃え、選択は多様です。

高い安全性とデザイン性を両立させ、コストパフォーマンスに優れた住まいといえます。

家族構成やライフスタイル、好みに応じて「町屋」を現代風にアレンジしたヘリテージ。

高い安全性とデザイン性を両立させたコストパフォーマンスに優れたジェニー。

こだわりを形にしたノーブル。

木の良さが際立つシンプルなフォレスタの4タイプを用意しています。


ウッド・スタイルは、自分サイズのおしゃれなデザイン住宅を実現した住まいです。

無理をして背伸びをした住まいで、生活をきりつめて暮らすよりも、無理のない予算で、ライフスタイルに合った住まいを実現するウッド・スタイルは３つのテーマを盛り込んでいます。

①無理のない月々の返済額　新築一戸建てはローンを払っていく自信がないので中古住宅にしようか考えている方には、ウッド・スタイルなら家賃並みのお支払いで新築一戸建ては可能です。

②せっかくマイホームを手に入れても、月々の住宅ローンに追われて、好きなことができないという悩みをお持ちの方も多いです。ウッド・スタイルなら月々のお支払いも安心の額で済みますので、新しい家に住みながら、楽しみを減らさず生活を満喫できます。

③長く安心して暮らしていくには、住まいのア　フターメンテナンスが欠かせません。不具合　やリフォームなど気軽に相談できる点もうれ　しいです。定期的な点検もしてくれるので、　安心して住んでいただくことができます。

スタイルボックス

「家は住む人の可能性を広げる箱」であるべき、というコンセプトで作られた住まいです。

2つの四角が重なったような外観で、玄関側の四角のなかでライフスタイルが実現できます。

車・趣味・収納・和室・玄関・テラスの6種類からそれぞれのライフスタイルに合わせて選ぶことができます。住まいを自分のライフスタイルに合わせてカスタマイズすることができる楽しい住まいです。

主な特徴は4つ。耐震性に優れています。快適な導線を確保しています。夏涼しく、冬暖かい、断熱性に優れた家。室内温度が安定し、光熱費を抑えます。

「あんしん住宅瑕疵保険」付きで、万が一のことが起きても安心です。倒壊保険20年、シロアリ保証10年もついて安心。さらに、お引き渡し後のアフターメンテナンスも万全なので、すべてに安心万全の住まいです。

ウィズ・アーキテクト

一流建築家と作る唯一無二の家です。

施主様の好みのデザイン、ライフスタイルに合わせた提案をさせていただけます。

デザイン、快適さ、住みやすさから安全性までを専門家チームで取り組み、細部までスキのない家づくりを実現。

ご家族の住まいの好みを徹底的に取材するヒアリングブックをご用意して、それをもとに一流建築家が優れたデザインと住みやすさを実現。デザイン性の高さと共に暮らしやすさをアップデートします。

リ・ウッド

定額制リフォームで、品質の高い明瞭な価格を実現しました。

リフォームは、価格が不透明で、しかも仕上がりもマチマチなのが問題でした。そこで定額リフォーム・パックを実現し、安心価格で高品質のリフォームができます。

特徴は４つ。

①定額だからわかりやすい。安心して頼める

②標準仕様を採用してプライスダウン。だから低価格で高品質

③オプションメニューで自分らしさをプラス

④お客様視点での設計＆デザインを採用

実は、新築よりもリフォームの見積もりは時間がかかります。そこで住まいの現状をこと細かく把握し、追加請求が発生しないように注意深く検査します。

また、キッチンや浴室などの設備や資材・素材の選択も大変手間がかかります。それを標準仕様というルールを設定することで、コストダウンするとともに時間の節約も可能となります。

リフォームで最も大事なのは、お客様の住まいに対する価値観とライフスタイルに合った導線をいかに確保できるかということです。

専門のコーディネーター・プランナーが快適な暮らしを実現するリフォームプランを提案しています。

標準仕様ではフォローできない「外壁・屋根リフォーム」「耐震リフォーム」「バリアフリー化」「外構リフォーム」などのオプションプランにも柔軟に対応できます。

そしてなにより、お部屋サイズにピッタリのオリジナル家具もご用意できます。


次のような方にこのプランをおすすめしています。

中古住宅を購入してリフォームしたいという方には、ウッドプランが中古住宅の購入からリフォームのプランニング、施工までワンストップでお任せいただけます。

もちろんご予算に応じての住まいづくりをトータルプランニングいたします。

水回りの老朽化を何とかしたい方には、キッチン、バス、トイレ、ひとつずつリフォームしていたらコストがかさんでしまいます。お任せいただければ、オール電化も含めて全て標準仕様に含まれるので、大変お得になっています。

ライフスタイルの変化で間取りを変更したい方には、子どもの成長や家族構成の変化による暮らしに合わせて、間取りや収納をリフォーム。家事導線をあらためて見直すと住まいは快適に生まれ変わります。

あとがき

ありがたいことに他府県から同業他社が勉強のために「ウッドプランの家」を見学にいらっしゃいます（現在はコロナ禍で来訪はありませんが）。

デザイン的なことや健康素材の観点から弊社で製造している〝天然無垢材を多用したフローリング〟に関心が高く、多くの注文もいただいています。

その関係から私も時折、地方へ出張していました。その地方で蕎麦を食べるたびに思うのですが、出石《いずし》の蕎麦はどこと比べても一番だと思います。

生まれも育ちも豊岡の私は、地元の味に慣れているといえばそうなのかもしれません。なんとなく思うことですが、「慣れ」ということが家を造ることにも大切な要素だと思っています。

誤解を受けやすいかもしれませんが、それは怠けるわけでなく、考えなくても肌でわかるということを言いたいのです。それが「慣れ」という意味だと思います。

地域に根を張る会社にとってこの地域の気候や風土を肌で感じること、考えなくてもすぐわかることが大切です。

あとがき

魚やカニを扱う板前が品物を見ただけで活きを見抜くように、私たちもお客さんの家一軒一軒の土地の状況から判断しなくてはなりません。

例えば近隣に山があるかどうかで日照が違います。そうなれば窓の大きさなども変わります。樋《とい》もメンテナンスを考慮しなくてはなりません。土地の場所を聞けば地盤の状況を事前に予測し、それらを加味してお客様には提案することなどもできます。

すべてはプロとして当然かもしれませんが、地域に根差していないと、なかなかわからないことです。

「わからなかったから」と、調査情報収集のためにお客様に追加金を請求するなんてしてはいけません。お客さんに無駄な不安を与えることなく家を完成させることが、私たちはもとより建築屋さんの使命だと信じます。

数年前、近隣の県の企業から事業の協力を依頼されました。分厚い資料に私は慎重になるも最後は快く協力しました。が、しかしその企業がわずか1年ほどで倒産しました。協力した私たちの会社にも県の管轄所から厳重注意がありました。

その企業を今さら批判をするつもりはありませんが、他の地域の事情を知らずに資料だけで理解したつもりでいた私の不徳の致すところでした。

以来、私たちは地域に密着した工務店であることをより強く心がけています。そして、住まう人の素晴らしい人生を願い、家を造る努力を惜しみません。

すべては住まう人の家族のために。


最後に、今まで会社とともに歩んでくれたスタッフ全員、そして他県の同業他社でありながら共に同じ志《こころざし》の皆さん、出版に携わっていただいた編集者さんたちに。

そして、なにより大工の見習いだった私に黙ってついてきてくれた妻に。

そして、我が娘と息子に感謝します。

そして、皆の〝LIFE IS BEAUTIFUL〟を心より祈ります。

ありがとうございました。

嶋田 大

著者紹介

嶋田大（しまだひろし）

1976 年、兵庫県豊岡市日高町で生まれる。幼少期からモノ創りになにより興味をもっていた少年は、県立出石高等学校卒業すると、畳屋をしていた亡き父の勧めで建築業に飛び込む。1996 年から 8 年間修業を重ね、2003 年には嶋田建築として建築工事請負を自営するまでになる。そして、2013 年 1 月に株式会社ウッドプランを設立し、代表取締役に就任。現在に至る。厳しい修業時代に命に関わる事故に遭い、今日の家づくりに目覚めた経緯は本書に詳しい。以後、体力づくりのためスポーツ全般をこなすとともに、読書家で松下幸之助や稲盛和夫などのビジネス書は常に読みあさっている。座右の銘は「凡事徹底・努力に勝る天才はなし」。

豊岡市の新築・デザイン注文住宅
株式会社ウッドプラン　www.woodplandesign.com

一戸《いっこ》建《だ》て持《も》ててよかった！—建《た》てる前《まえ》に読《よ》む本《ほん》

2021 年 2 月 22 日　初版第 1 刷発行
著　者　嶋田大
発行者　鎌田順雄
発行所　知道出版
〒 101-0051 東京都千代田区神田神保町 1-7-3 三光堂ビル 4F
TEL 03-5282-3185 FAX 03-5282-3186
http://www.chido.co.jp
印　刷　モリモト印刷

ISBN978-4-88664-335-3